簪花与拜拜

CITY BOOK SERIES NO.2

重新发现泉州

赵慧——主编

湖南文艺出版社
·长沙·

图书在版编目（CIP）数据

簪花与拜拜：重新发现泉州 / 赵慧主编. -- 长沙：湖南文艺出版社，2025. 9（2025.11重印）.

ISBN 978-7-5726-2600-5

Ⅰ. G127.573

中国国家版本馆 CIP 数据核字第 2025M55T20 号

簪花与拜拜：重新发现泉州

ZANHUA YU BAIBAI: CHONGXIN FAXIAN QUANZHOU

主　　编：赵　慧
出 版 人：陈新文
监　　制：谭菁菁
责任编辑：冯　博　李　颖
策　　划：李　颖
特约编辑：黎添禹
营销编辑：王思佳　黄　元
封面设计：尚燕平

出版发行：湖南文艺出版社
（长沙市雨花区东二环一段 508 号　邮编：410014）
网　　址：www.hnwy.net
印　　刷：湖南印美彩印有限公司
经　　销：湖南省新华书店
开　　本：710mm × 970mm　1/16
字　　数：400 千字
印　　张：16
版　　次：2025 年 9 月第 1 版
印　　次：2025 年 11 月第 2 次印刷
书　　号：ISBN 978-7-5726-2600-5
定　　价：79.00 元

TEAM·EDITORIAL & DESIGN

撰稿人 Correspondents

顾笑吟 Gu Xiaoyin (Shanghai)
唐慧 Tang Hui (Aachen)
曹中 Cao Zhong (Shanghai)
肖涵予 Xiao Hanyu (Shenzhen)
汤一涛 Tang Yitao (Changzhou)
刘舒婷 Liu Shuting (Shanghai)
赵蓉 Zhao Rong (Shanghai)
程绚 Cheng Xuan (Shanghai)
励蔚轩 Li Weixuan (Shanghai)
林洵 Lin Xun (Shanghai)
陈若冰 Chen Ruobing (Guangzhou)
杨舒涵 Yang Shuhan (Shanghai)
侯珺 Hou Jun (Beijing)
顾芃 Gu Peng (Tokyo)
唐昕怡 Tang Xinyi (Shanghai)

摄影 Photographers

潘凌 Pan Ling (Shanghai)
刘树奎 Liu Shukui (Quanzhou)
黄灿昆 Huang Cankun (Quanzhou)

主编 Editor in Chief

赵慧 Zhao Hui

—

编辑 Editors

肖文杰 Xiao Wenjie
邢梦妮 Xing Mengni

—

视觉总监 Creative Director

戴喆骏 Dai Zhejun

—

设计总监 Design Director

徐春萌 Xu Chunmeng

—

新媒体设计总监
New Media Design Director

王方宏 Wang Fanghong

—

资深美术编辑 Senior Designer

景毅 Jing Yi

—

图片编辑 Photo Editor

王安娜 Wang Anna

—

插画 Illustrators

于玚 Yu Yang
周骋 Zhou Cheng
黄婉华 Huang Wanhua

—

图片后期制作 Photo Art

李靓 Li Liang

—

品牌经理 Branding Manager

俞培娟 Yu Peijuan

—

品牌策划合作 Marketing Planning

邢梦妮 Xing Mengni

—

本书为《第一财经》杂志
"未来预想图" 项目 城市系列·第二册
City Book Series No.2
Dream Labo Project of YiMagazine

加入撰稿人团队，
请联系：
contact.dreamlabo@gmail.com

PREFACE

为什么是泉州？

这是我们城市系列 mook（杂志书）的第二册。每次拜访研究一个新城市的时候，我们都会被问同一个问题：为什么是我们这里？这次以泉州为观察对象，最初，我们将上次观察景德镇的标准拿出来回答大家：

——它要有自己“之所以发展成这样”的文化脉络。

——它的居民有对自己城市的自豪感，能够说出自己城市的与众不同之处。

——这座城市确实具备与众不同的“品牌印象”。

泉州符合这些条件。在我们的探访过程中，我们甚至可以把这些标准简化为一句话：它既有传统，也有现代性。

在泉州，连接传统性与现代性的重要表现自然是“拜拜”。泉州建筑面积超过 10 平方米的民间信仰活动场所已有 6000 多处。一位居住在泉州的受访者跟我们形容：你让泉州人追星，早上五点半他可能起不来，但你让他拜神，他四点半就能起。

所以，泉州会被不少人称为“诸神人间办事处”，从历史角度溯源，一方面是因为它在宋元时期成为贸易大港，很多贸易商人在泉州生活，不仅佛教、道教、基督教、伊斯兰教和天主教这五大宗教都在泉州留有宗教场所，印度教、摩尼教、犹太教也有迹可寻。另一方面，没有严格律条的民间信仰在泉州也很盛行，常见的有妈祖、关帝、天公、王爷、保生大帝等信俗，其中妈祖和关帝崇拜和海洋渔业、贸易、华侨文化密切相关。有时候，甚至会在一座庙宇里发现不同宗教传统习惯的融合——在泉州，这一点都不违和。在书中的“红砖”“海交”关键词相关篇章中，你会看见海洋给泉州带来怎样的影响，又如何参与塑造了城市风貌。

由此，就“牵”出一个很有本地特色的做法：供奉这些民俗神的宫庙有不少坐落在民居之间，便于人们随时向神灵求助。从城市观察的视角来看，你不妨抽出一些时间在泉州的小巷中穿梭，然后会发现一个个小小的庙宇出现在街角巷头，接受这个街区人们的香火供奉。形成这种分布的原因，又与“铺”“境”这类说法有关。人类学学者们已经对此做了不少研究，我们在书里通过“铺境”这个关键词篇章，把这些观察与分析综合呈现给读者们，这样，你就会大致有了“诸神人间办事处”的文化脉络。

依托居住在同一地域的宗族与社群关系，民间宫庙常常形成“董事会”这类架构，负责宫庙的日常维护与活动管理。泉州通淮关岳庙最早的董事会可追溯至清朝咸丰七年（1857），由二十四名地方绅士组成。游客们看的是热闹，但在本地人眼中，各种拜神与神明巡境的仪式已成为时代承袭的信俗。对他们来说，神明是“靠山”，也是种“约束”。

泉州还有一个让人印象深刻的文化线索是“宗族感”。泉州的街巷里会有一些门楣上刻有“某某衍派”“某某传芳”字样，衍派用于指明自家姓氏在中原的发源，以示正统，传芳则意味着纪念某位重要祖先的模范德行。本地人

赵慧

“未来预想图”主编

的宗族关系与家族感非常强，民众通过明确宗亲归属、祖先崇拜的形式，结成乡族势力，彼此照拂。

这种宗族感延续至今，就有了华侨与家乡的关联。它既是文化上的乡愁关系，也是商业上的援助关系。早期资源受限让人们把目光投向海外，海上贸易又推动着人与物的流动，后期的禁海政策又让泉州承载了一个个家族的聚离故事。如今，留在博物馆里、泉州人家里的“侨批”，指的是海外华侨附上钱款寄回家的书信。到了近代，不少华侨对家乡教育、文化、医疗等领域都多有投资。也有一些泉州品牌，是依靠着华侨和家族的共同注资，搭建出最早的商业构架，甚至依靠信息优势与政策优势，完成了早期的商业积累。

顺着这个脉络，我们在书里提出了“华侨”与“泉州府”这两个关键词，去梳理宗族感带来的文化关联与商业关联。读者们可以由此感受到传统对这座城市现代性的影响力。

我们也同样愿意把视线投向现代的泉州。这座城市和中国其他很多有古老历史的城市一样，在经历一轮城市更新的浪潮。直至今日，泉州古城仍然保留着非常明显的视觉特征，既有红砖、燕尾脊、灰塑、大厝等民居表现，也有出砖入石、滴水兽这类有独特功能的细节。在中山路、西街这些街道的城市更新进程中，泉州采取了一个不太一样的做法：并未驱离居民。所以很难得，我们看到了一座“活着的古城”。你可以在书中仔细了解，这些城市更新如何实现了今天的城市风貌。

但即便如此，古城也存在着争议：有人认为，“看不见的手”这种经济力量，也会驱离老城居民离开慢慢不那么宜居的街区环境。街区火了，游客增多，环境更吵，租金与房价也自然跟着上涨；为步行考量的人性化设计，也给习惯使用电动车的居民造成通行难题。我们分析了高知名度的“西街”街区，也研究了泉州立面“中山路”的变迁。在城市发展中很难有唯一一个正确答案，但在不同阶段，城市也不得不做出适合当下的选择。

如今，不少城市都有一个适合发展文旅的视觉线索。在泉州，这个线索似乎是簪花。我们和当地人聊天，最终去蟳埔挖掘了簪花背后的文化渊源，以及它实际上展现出的社会学意义。它可能带有一些女性主义的视角，但在泉州乃至福建宗族文化中，这些考量似乎又有一些传统之下的“微不足道”。在这个环境里，走出渔村的新女性可能会使用更柔软的方法去寻找和传统的共生之道。

因为民俗的延续没有中断，泉州各类本地文化的表现也极其鲜活，戏曲、茶、手工艺融入日常，它们也通过地方文化志、展览、创意项目，在泉州生根并成为日常。这些元素丰富着当地的生活，也为拜访者们展现着生动而独特的泉州风情。

这次，我们也接受一些读者的提议，将城市风貌里与“拜访”属性有关的部分单独提出。同样，这次不仅有我们的视角，也有本地人的走心推荐！读者们可以轻装上阵，带着薄薄的纸页探索泉州。

我们也时常思考着这次研究的泉州与上次研究的景德镇所展现出的城市气质的不同。在景德镇，历史将城市推向了产业分化，各门精湛手艺在一个个工坊、作坊里延续与创新。在泉州，更多表现都汇集到“融合”这个关键词——泉州人更钟爱聚在一起做点什么。这种融合的力量与价值，穿越古今，也许也将延续到泉州的未来。

让我们开始这段泉州探索之旅吧。

text / 赵慧

CONTENTS

目 次

text
/
林洵
顾芃
唐昕怡

photo
/
潘凌
施季男

© 潘凌

为何爱上泉州

泉州变得太有名了，但西街就是旅行的终点吗？我们试图通过 8 位与泉州发生关联的人，从他们的视角为你打开理解泉州的窗口。有的人在外漂泊多年，最终选择回家；有的人在二十年前来到泉州，从此再也没有离开。但他们不约而同地提到了几个词：包容、烟火气和人情味。

Q：你在泉州一天中最放松的时刻是什么时候？

在小茶馆和朋友相聚的时候。其实我待在泉州的时间并不多，几乎都在外出差。如果不是特别晚，哪怕我刚到泉州，我都会跑来这边坐一会儿。在这里没有人会跟我的工作上有交集，大家没有目的，也没有利益关系，纯粹地聊天放松。

Q：有没有什么是外地人或者外地游客很喜欢，而你们本地人其实觉得很一般的景点？

有，比如说簪花、西街钟楼。对本地人来说，从小见怪不怪，并不值得拿出来这么去大肆宣传。现在有一些新的形式去表现簪花，从年轻人的角度看是有美感的，但我没有想到会这么火。

Q：有什么是来了泉州之后必须尝试的事？

我是挺推荐面线糊的，一般泉州人当早餐或者夜宵，加什么料就是因人而异了，千人千味。面线糊体现了泉州人包容的心态，既然在桌上放了那么多配料，大家当然是希望你什么都可以尝试，并不是说非得跟着本地人一样吃才叫正宗、地道。

许鑫杰

- “厂二代”，2022 年回到本地接手家里生意
- 29 岁
- 泉州人
- 推荐本地小吃：没有正确答案的面线糊（你可以往面线糊里添加任何喜欢的配料）

施季男

- 设计师
- 26 岁
- 泉州人
- 探索泉州的方式：随手拍，“集邮”路边小涂鸦

Q：你觉得这几年泉州和以前有什么不一样吗？

人超多，感觉现在 10 个人里面有 20 个都是游客，哈哈，以前西街都没有拦着，现在到周末，西街就会拦那个狮子，不让人进去。

Q：有没有什么是外地人或者外地游客很喜欢，而你们本地人其实觉得很一般的景点？

西街。都是外地人。为什么要去那里？西街后半段是还不错的，大家都堵在前面那边，很少人去后面，那边其实也不错。我觉得以前中山路会更加有生活气息一点，但现在当你知道它翻新过之后，就感觉没有那个味道了。

Q：有什么是来了泉州之后必须尝试的事？

不要来，不要来，哈哈哈！其实我很喜欢走路，喜欢走在泉州的一些犄角旮旯里、小巷子里，比如拍拍旧招牌，看看路边的刺桐花。这种市井气息会让我很开心，也是我一天中最放松的时刻。

我超级喜欢泉州路边的小涂鸦。虽然不知道是谁画的，但是感觉是同一个画家陆陆续续喷绘了很多年，我在很多地方都拍到过这个风格的涂鸦。每次在路上偶然发现这种小涂鸦，就觉得超级开心！

© 潘凌

施季男拍摄的街头涂鸦系列“UFO IS EVERYWHERE!!!”（到处都是UFO！！！）。

© 施季男

©潘凌

Q: 能否用三个词来形容泉州?

多元, 善良, 慈悲。慈悲可能说得有点大, 但是在泉州生活真的很亲切, 经常感受到人与人之间的温暖, 极少冷漠。每一个寺庙都会有供斋日, 无论你是谁, 什么时候去, 都能免费打一份斋。

Q: 你最喜欢的泉州的当地美食是什么?

润饼菜。但是这个东西只有家里做的才正宗。一开始是因为大家清明节上山扫墓拜拜后, 会有很多剩菜, 那大家就想说可以包饼皮吃, 像自助餐一样, 自己 DIY, 一般会用白糖、花生碎加虎缇(炒海苔)做基底, 想包什么都可以。西街有家专门做润饼皮的, 我们只会去那一家买饼皮, 回家自己包。

Q: 为什么留在泉州?

我在这边生活了 30 年, 年轻时有很多机会可以离开这里, 我都没有走。这里很安全, 大家又互相信任。我感觉这是个良性循环, 好多人是真的友善, 所以现在我走到哪里去都很放松。

林梅桂

- 燊韵茶业老板
- 50 岁
- 泉州市安溪县人
- 从未离开泉州的理由: 人与人之间的信任感

杨扬 & 蔡琼英夫妇

杨扬旧书店老板
1995 年来到泉州
泉州关键词: 烟火气和人情味

杨扬
48 岁
江西丰城人

蔡琼英
47 岁
泉州惠安人

Q: 你的书店有什么特色吗?

杨扬: 这几年会比较突出地方的文化和经济。我这里的书就比较侧重泉州。泉州这样的书店还有方志书店、芥子书屋等。

Q: 泉州的城市气质和其他城市的明显区别是什么?

杨扬: 泉州的生活节奏不是太快,也不是太慢。这里气候也比较好,我家里人经常来我们这里过年。泉州人真的很崇拜神明: 你让他追星,早上五点半他可能起不来,但你让他拜神,他四点半就能起。

蔡琼英: 我们这边的关帝庙,每年大年三十都有人守夜。

Q: 外地人对泉州可能有什么误解?

杨扬: 有的人会说,泉州没什么好吃的。我就会说,那你是没找对地方。我们泉州这里比较好吃的店,反而服务态度不好。因为店主会觉得: 我有手艺,是你要找我吃,不是我找你。

© 潘凌

吴彬彬

- 芥子书屋主理人
- 2010 年成为泉州老城居民
- 26 岁
- 泉州仑苍镇人
- 最放松的时刻：下班后骑着小电驴到笋江边吹风

Q：泉州的城市气质哪里与众不同？

泉州有一种城乡穿越的感觉。比如说我们书店旁边有一口井，每天都有人在那儿打井水、洗东西，隔壁以前是熬酱油的，炊烟袅袅。

Q：你感受到了泉州的变化吗？

变化太大了。以前我们就是一家无人问津的书店，到晚上 8 点以后，西街只有我们一家书店一盏灯，现在我们已经变成一家景区书店。第一拨来的是一些北上广深的人，他们很喜欢泉州那时候的“异域风情”。现在随着泉州人气火爆，来打卡的人会偏多。

Q：如何形容泉州？

泉州人是“爱拼才会赢”。虽然泉州是一个节奏很慢的城市，但是泉州人非常爱拼、爱赚钱、爱干活。泉州，我觉得它既封建又自由，既包容又开放，既混乱又有秩序。这是一个非常有张力的城市，你会感觉到这些背道而驰的词语，用在这个城市身上是完全正常的。

ⓟ 潘凌

Q：有感觉泉州和以前有什么不一样吗？

吴金岭：2022 年，我明显感觉泉州的文化气息变强了。新的书店开出来了，也有更多线下的活动，有一些文化青年会从外地专门跑过来。不止一个朋友跟我说：泉州怎么这么“文青”？

Q：从你切身经历而言，觉得泉州人有什么特质？

吴金岭：我有时候感觉，泉州人有一种奇怪的自信（笑），比如说对闽南语、闽南语歌曲。有的人可能不知道，乡下有很多“歌友会”，只唱闽南语歌曲，有人在自己家装修一个 KTV，就拉朋友来唱，搞得很认真，有的还会请老师。

Q：泉州的城市气质和其他城市的明显区别是什么？

吴金岭：泉州是一个更“在地”的城市。这两年大家可能更倾向于“向内”重新挖掘传统。

如小瓜：上大学的时候，泉州是神秘又有点“玄学”的。我 2013 年到 2016 年在泉州上大学，那会儿晚上如果你出门，在巷子里，走几步就能遇到一个庙，念佛机红彤彤的，很吓人。现在重新回到泉州，能感觉到它浪漫的一面。比如我以前不喝茶，现在跟着染上了“茶瘾”，一聊天就要泡茶。但同时泉州也有一些重男轻女的结构性问题。

Q：请用三个词形容泉州！

吴金岭：第一个我觉得是“去中心化”吧。很多县级，甚至镇级的地方都发展得很好，“多点开花”。第二个是溜达。在泉州，你可以串门，也很容易邂逅聊得来的人。第三个是“小”。

如小瓜：从旅游的角度来说是“烟火气”，但也可以说是“香火气”。

© 潘凌

吴金岭 & 如小瓜

日课书房文化空间创办人
2022 年从北京来到泉州
他们发现的泉州文化新趋势：“向内”重新发掘传统

吴金岭
45 岁
泉州晋江人

如小瓜
35 岁
河南人

十个视角，认识泉州，理解泉州。

一座以红砖为基底印象构筑的古老城市

一点点形成了它的城市烟火

Ⓟ 黄灿昆

© 黄灿昆

泉州第一眼：红白密码

这座城市给人的视觉冲击，常常从建筑开始。那些不同风格的造物构件，也会串起时空，关联起城与人的故事。

红砖红瓦

几百年来，泉州城一直以最热烈的红色迎接每一位新人。人们常常用“青瓦白墙”来定义印象里的中式建筑，而在闽南，建筑却以“红砖红瓦”为特色。从宋代开始，泉州的官方和民间建筑都开始广泛应用红砖瓦，直至近代。

从高处俯瞰泉州古城，红顶绿树给人一种异域风采。这令人联想到巴塞罗那或佛罗伦萨——那些西班牙、阿拉伯古城也不乏红砖建筑。在中国古建筑中，红色通常用于皇家建筑，庶民的建筑用红色算是一种“越界”。然而闽南地区“山高皇帝远”，想要炫耀财富的商人们反而喜欢用红色作为自家大宅的颜色。另外，泉州地区有大量红土分布，本地的制砖匠人就地取材，也被认为是泉州“红起来”的原因之一。

text / 曹中

photo / 黄灿昆

出砖入石

白色与红色交替出现，也成了泉州色彩的重要组成部分。

白石砌“裙堵”，红砖砌“身堵”。观察泉州古民居的墙面，最下方往往是白色花岗岩做的台基，这被称为“裙堵”。往上看则是红砖砌成的墙身，成为“身堵”。

有的屋墙由砖石混砌，红白交错。旧砖瓦、旧石块混在一起砌成墙体反而成了泉州的特色“出砖入石”。“出砖入石”为工匠技术语言，意思是在砖石混砌时石头要往里一点，避免其突出的部分影响墙面平直度。没有史料明确记载“出砖入石”这一建筑工艺何时起源，主流说法认为明朝万历年间大地震后，泉州城百姓用倒塌房屋的废料进行灾后重建，从而造就了这样独特的建筑风格。

大厝

大厝是闽南地区最常见的传统民居。厝，在当地方言中意指房子。大厝通常围绕着天井展开，平面构成和中国北方的四合院类似——有研究称，西晋时期来自中原的移民将这种建筑形式带到了闽南。

中国传统建筑以四根立柱，上加横梁、竖枋而构成“间”，建筑的迎面间数称为“开间”或“面阔”。与开间垂直的空间用“进深”来称呼。在泉州，人们以“三间张”和“五间张”来区分大厝。它们分别代表三开间或五开间的大厝。

大厝进深至少两间，“一进”称为“下落”，包括门厅和天井等。二进称为“顶落”，分布着屋主的居室等。天井两侧的空间叫“榉头”，也属于“下落”，一般被用作厨房和仓库。如果在“顶落”后面增加第三进，则称为“后落”。如果是“五间张”，最两侧空间称为护厝。

骑楼

在中山路上，长约 2 公里的联排骑楼已经是泉州的一张视觉名片。

骑楼的平面呈细长条状，以两层一开间为主。一层留出人行廊道，廊道内侧空间用作商铺。这样的设计正适合泉州的气候，雨天行人可在廊道避雨，晴天则可躲避太阳直射。骑楼二层多用于居住或仓储。你现在可能还能看到一些奇怪的景象——比如二楼凭空生出一扇门，就是为了当时方便直接运货进去而设。

最迟到宋代，类似于骑楼的“市廊”或“廊坊”就出现在中国北方。但对泉州来说，骑楼是民国时代由华侨从南洋带来的。学界一般认为，骑楼最先于 19 世纪上半叶出现在新加坡的华人商业街，之后传到马来西亚、泰国、印度尼西亚以及中国台湾、广东、福建等地。

番客楼

番客楼又称番仔楼，是闽南一带对洋楼的称呼，“番仔”则是过去对南洋人的贬称。每一栋番客楼背后，总有着一段背井离乡、白手起家然后衣锦还乡的故事——它们大多由闽南的南洋华侨发财后归国或汇款所建。

泉州现存的番客楼多建成于清末和民国时期。其建筑样式中西合壁，与闽南传统古民居截然不同，有些建筑材料是从南洋直接运输而来。你能在番客楼看到来自欧洲的罗马柱和回廊，也能看到源自当地的红砖和牌匾。

按照建造技艺来分，番客楼有两类。一类是木结构，立面多用红砖。另一类是钢筋混凝土结构，立面是灰白的水泥材质。

从正面远观泉州的古民居，你能看到正脊两端微微翘起。再凑近观察屋脊尾端，两个分叉就像是燕子的尾巴——这就是“燕尾脊”。

因为房屋两侧各有“一条燕尾”，本地人将其称为“双燕归脊”。这样的屋脊造型，是闽南文化的特有符号，有“盼燕归巢”之意，即希望在外的游子早日归乡。燕尾脊也有实用功能。翘起的燕尾可以做“避雷针”，较薄的构造也能降低屋脊重量。在多雨时节，架设在燕尾脊上的装饰构件，还可以保护脊外瓦盖免受侵蚀。

燕尾脊

ⓟ黄灿昆

剪瓷雕

泉州老建筑的屋脊上时常上演着“大戏”。鲤跃龙门、八仙过海、松鹤延年……工匠通过“剪瓷雕”工艺，把历史著名人物、神话故事形象展示在建筑的屋脊之上，这就是所谓的“厝顶有戏出”。

剪瓷雕是一种传统的建筑营造技艺。匠人或选取颜色艳丽的彩色瓷碗，或用残损彩瓷为原材料，用特制铁钳将其“剪成”各种形状、大小不等的细小瓷片，再用黏合剂“拼贴”成完整的画面。闽南地区寺庙、宗祠的屋脊几乎都会用这种方式装饰。剪瓷雕可以现场施工，也可以做“预制件”。

剪瓷雕在闽南得以盛行，与福建地区陶瓷业发展紧密相关。瓷窑的规模化生产为剪瓷雕提供了充足的原材料。另外，陶瓷还能经受住风雨、海碱的侵蚀，很适合做建筑装饰材料。

灰塑

除了陶瓷，石灰也是常见于泉州古建筑的装饰材料。在山墙与屋脊间，常常有精彩的山花装饰。民居多为灰白色，庙宇大多彩色。这些装饰大多是灰塑，即以石灰为原材料的装饰工艺。灰塑装饰多以象征吉祥的动植物为题材。

灰塑需要现场施工，可以说每一处灰塑都是工匠独一无二的艺术创作。灰塑一般是浮雕和半浮雕的形式，工匠一次只能涂抹几厘米的灰泥，等干燥后再往上添加新的灰泥，一层一层地完成创作。

滴水兽

古建筑屋角常常趴着一些小动物。它们被称作滴水兽，是闽南建筑特有的排水构件，也就是雨漏。滴水兽通常都是祥兽，比如说鱼象征着年年有余，狮子代表迎福纳祥。后来，寿桃、菊花、石榴等也成为雨漏的造型。

随着现代排水系统日益完善，滴水兽的实用价值越来越小。不过，这些小动物反而成了文玩市场的常客，有人将它们作为装饰物和摆件放在家中。

向大海走去——泉州城市简史

泉州城被大大小小的丘陵低山包围着。又因雨热充沛，终年不冻，古称“温陵”。晋江自西北向东南蜿蜒流入地势低平的泉州平原，与自北向南的洛阳江在泉州湾相遇后，汇入东海，由此联结更广阔的世界。

text

/

唐慧

认识一座城市时，人们常常会忽略它的地理特征，而泉州的地理位置十分特别。福建自古背山靠海，连绵千里的武夷山脉横断西北，将闽地与中原腹地隔开，因此这里常被视作边荒之地，是流放士大夫的地方。海拔高 1856 米的戴云山脉居中，雄伟奇俊，号称“闽中屋脊”。晋江由此发源，自西北向东南蜿蜒流入地势低平的泉州平原，与自北向南的洛阳江在泉州湾相遇后，汇入东海，由此联结更广阔的世界。

这里地处亚热带海洋气候区，温暖湿润，夏季多雨，季风规律。海岸线蜿蜒曲折，沿海岛屿星罗棋布，良港众多，航运条件优越。

泉州城正处于泉州平原的中心位置，被大大小小的丘陵低山包围着。又因雨热充沛，终年不冻，古称“温陵”。山海相会的独特位置形成了丰富的不规则的微地形，为泉州提供了丰沛的水系、肥沃的土壤和众多森林矿产资源。

与中原文化背景的城市不同，独特的自然地理条件让泉州人很早就“以船为车，以楫为马”。发源于黄河流域的中华文明一直对大海相当谨慎。与中北亚的游牧部落为邻，迫使统治者一直将精力放置在如何维护疆域完整上。但是，在一些独特的时空中，泉州人得以摆脱边缘位置，最大程度地发挥“山海水陆之会”的区域优势，创造了空前的辉煌历史，也深刻重塑了中华文明。

也正因如此，泉州这座港口城市，得以成为古代海上丝绸之路的起点。泉州的命运也与大海紧紧相依。

01
兴起：是刺桐，也是鲤城

泉州历史悠久，在秦朝时便属闽中郡。隋文帝废南安郡，属泉州，这便是“泉州名之始也”。但当时的泉州，中心是指今福州市。后来，地名、辖区数度变更，直到唐景云二年（711），将位于晋江中游的丰州迁治下游的泉州，这才将城址位置固定下来，“凡曰泉州者，指今泉州也”。历经千年沉浮，它演化成今天我们所见到的泉州古城。

因为古时泉州市内生长着许多刺桐花，所以早在中世纪，泉州就以“刺桐城”之名闻名欧洲、非洲和中东诸国。如今，刺桐是泉州市的市树市花。

公元 2 世纪，晋朝为了躲避匈奴的侵扰，被迫将都城从洛阳迁往南京。异族统治者的到来，导致了上百万北方居民的大逃亡。这是汉人第一次大规模迁徙到南方的泉州，同时也带来了儒家的文化和制度。“衣冠南渡，沿江而居”，晋江和洛阳江的名称便由此而来。在这之前的三国时期，孙吴定都南京，已在一定程度上推动了长江以南地区的汉化。动荡的魏晋南北朝持续了三个多世纪，人口的不间断涌入，使得泉州大量河谷和盆地得到初步开发。

在随后的历史中，每逢战乱，处于边缘地带的泉州就成了文明的喘息之地。据中国古代战争地理分布统计，从炎黄到清代，中华大地上共经历了 6192 次战争，其中福建仅有 107 次，是中国经历战乱最少的省份之一。

泉州城址从今福州迁到今丰州，再迁至今泉州，由北到南，由西向东，由山口关隘向晋江中游，最终靠近海岸的过程，正是泉州人熟悉大海的过程。

唐朝年间（700 — 718）泉州建城，依照当时“前朝后市”的里坊制的都市设计规范，四四方方，整齐对称。以府衙为准，南北大街（今中山路）为轴线，与东西街形成十字街，交叉口设有早晚可开闭的“坊门”。

汉唐以来，中国对外贸易一直依赖西部的陆上丝绸之路。但安史之乱再次打破了大一统的局面，藩镇割据，边境收缩，朝廷不得不转向海路交通。大批北方人口为求安定，再次涌入福建。这为泉州带来了发展的机遇，对外贸易迅速扩展。

唐末五代，泉州在军阀割据中偏安一隅，地方经济迅速繁荣。在闽太祖王审知、军阀留从效等人的积极经营下，泉州维持了相当长时间的安定与和平。这一时期，南迁士人增

*刺桐：是一种由海外传入的植物，五代留从效扩泉州城，“重加版筑，旁植刺桐环绕”，后成为泉州别名。除刺桐外，占城稻、番薯、玉米、烟草、椰枣、高丽菜、菠菜、南瓜、葱、茄、茉莉、夹竹桃、佛手柑等作物都是由海外传入泉州，深刻影响了中国人的日常饮食习惯。

*皇族成员：宋宗室赵汝适在1225 年著成《诸蕃志》。他是宋太宗赵炅的八世孙，时任泉州市舶司和南外宗的长官，在任时积极发展海外贸易，也让他有机会系统性整理经济地理知识，记录下泉州融入世界程度之深。赵汝适是第一个著书描述非洲、西南亚和地中海地区的中国人。《诸蕃志》卷上志国，列举了 58 个与中国直接或间接贸易的地区，详细记录了诸国方位、山川、物产、航海途程以及珍稀动植物。卷下志物，列举了 47 种动植物、矿石和各类香料。

加，文教兴盛、商业发展。泉州逐渐摆脱仅为广州、扬州转口贸易的状态，开始发展成全国性的四大海港之一。因城内环植刺桐*，又称刺桐港。

这一时期，原规模仅“周围三里”的矩形唐子城被扩辟为“罗城周围二十里”的都会。城内有两个十字街，上十字街是子城四街的延长，即今中山路与东西街交界处，东通洛阳江，经东街西街，向西北通丰州和永春。中十字街经涂门、新门，即今中山路与新门、涂门街交会处，上通安溪和北上古大路，向南直至晋江，通往大海。十字街外的城市道路因地随形，呈现出对丘陵、河流的因借利用。城门增至 7 个，均有水关，连江通海，且名字一直沿用到今天。

新城门意味着开辟了新的大路，让五代时期的泉州城拥有了商业城市的布局。许多泉州人为巨额利润，积极从事远海贸易，“陶瓷铜铁泛于蕃国，收金贝而还”，逐渐改变了以往外商来贩的被动局面，追波逐利，向大海深处走去。

与唐子城相比，五代的罗城向南发展，直至晋江边，形成不规则的梯形。后经小范围扩建，泉城东北、西北两点突出，形似鲤鱼的两只眼睛，泉州因此又得名“鲤城”。

02
繁盛：海洋性地方文化

公元十世纪，北宋（960 — 1127）再度统一中国，定都开封。为了维持与辽和西夏的和平，确保边境内陆安全，北宋依靠商业税支付岁币，因此它比以往任何一个朝代都更积极地鼓励海洋贸易。唐代已经为海外贸易的开放姿态奠定了基础。从唐中期至宋初，福建共增设了 21 个县。设置州县，意味着人口增长，经济发展，政区固定。

海外贸易的丰厚收入，成为宋代泉州兴修水利、疯狂基建的财政基础。据统计，宋时在福建修建大小桥梁共 600 多座，架桥修路、增建渡口，大大改善了泉州的对外交通环境。一系列桥梁、道路、码头和航标形成了纵贯南北的沿海大通道，让泉州既与无垠大海紧密联系，又能连接广阔的中原腹地。这一时期对外贸易继续发展，1087 年，继广州、杭州和明州后，第四个“市舶司”被设立在泉州城南界外，以便利外商。海内外的奇珍异宝在泉州港相遇、交换和运输。

南宋（1127 — 1279）时期，迁都杭州。这是中国历史上第一个，也是唯一一个将首都设置在海港的统一王朝。从晚唐至南宋，中国政治中心不断向东南方向移动，先是洛阳后是开封，最终迁到杭州。这意味着统治精英们意识到海洋贸易对于朝廷和民众的重要性。迁都的决定让约 40 万汉人南下定居，人才涌入进一步刺激了泉州的繁荣。1130 年，皇族成员* 349 人迁居泉州，管理皇族的南外宗正司随之设立，加强了国家对海洋贸易的推动。至 1233 年，皇族成员扩展至 2314 人。各国使团通过海路前往泉州并带来新奇的热带物产，刺激着中国精英们的感官，促使他们深度参与到泉州各项社会事务和海洋贸易中。一大批泉州商人开始了私人海外投资，并支配了东南亚和中国之间的航路。在这一过程中，他们建立了海外移民社区，有些甚至延续至今。

南宋时代，海外贸易收入占朝廷岁入的 20%，与 58 个国家和地区有贸易往来。与传统中原王朝对商业的抵触大相径庭，宋高宗认为："市舶之利最厚，若措置得宜，所得动以万计，岂不胜取之于民？"政府对商业的支持，让宋代中国的城市化水平有了质的飞跃。

宋初，城市建设模仿隋唐的里坊制，但商业迅速发展，人口不断增长，朝廷被迫开放夜市，允许私人临街开设邸舍。到了北宋中叶，没有了坊墙和宵禁的制约，官民杂处，市坊混居，开放式的街与巷逐渐取代了"坊"，成为基本的城市公共空间。南宋时，约有 600 万人生活在城市中，大约占到当时全世界城市人口的一半。

这一时期，泉州城区继续向大海靠近，向南拓展，发展出下十字街，即今中山路与天后宫路、土地后路交界处。随后经多次扩城修建，城南部分也被纳入城中。此时的泉州城，陆路、水路四通八达，编织出一张细密的商业城市交通网络。传统的坊市界限被彻底打破，每个街道内不仅有居民宅邸，还有市肆店铺，"乡校、家塾、会馆、书会，每一里巷一二所"，演化成一种以居民日常生活的需要来配置服务设施的城市新形态。

1271 年，忽必烈建立元朝，定都北京。在继承了宋朝的造船、航海以及商业组织的遗产后，元朝统治者展现出了强烈的发展海上贸易的积极性。如果宋朝是出于实际需要走向海洋，那么元朝似乎是将海洋视作蒙古大草原的延伸，必将其纳入横跨欧亚大陆的帝国版图中。

至元十四年(1277)，朝廷在泉州恢复设立市舶司，也是元朝第一个市舶司，这里成为重要的战船与商船制造基地。随后又颁布了"市舶法则二十二条"，规定了进口关税，"粗货十五抽一，细货十抽一"，并令各市舶司"悉依泉州例"，官府由此获得巨额利润。朝廷的特别扶持，让元代泉州的海外贸易空前繁荣，发展成世界级大港口，成为海上丝绸之路的重要门户。因政治、经济地位的重要性，泉州甚至一度升格为"行省治"所在地，成为五方杂处的世界大都市。与泉州通航贸易的国家和地区多达 99 个，几乎比宋时增加了一倍。

元时，泉州城继续向四周扩展，周长达三十里，是泉州城面积最大的时期。城址即今泉州环城马路所在。城外集山林、平原、湖泊、海湾之利，形成山环水绕之势。泉南，即中十字街到晋江岸边的区域，是城内最繁华的商业区，深受朝廷重视，故将城基特别改为"内外皆石"的做法，使之更加坚固。这里聚集

2
1

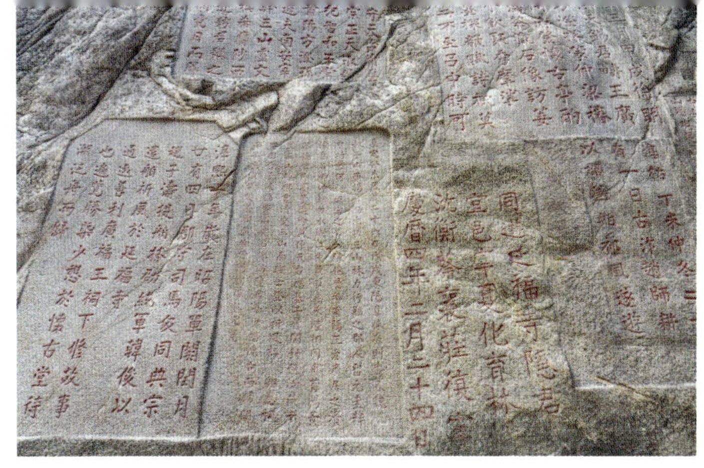

*市舶祈风仪式：泉州人靠海为生，出海回航都需要顺应季风规律，因此每年夏季四月、冬季十月都会在九日山下的昭惠庙向海神祈求风信顺利。宋代官方十分重视海外贸易，后将祈风典礼列入国家祭典，定期举行，并将祈风经过刻于石崖上。

1 宋朝泉州对外贸易继续发展，1087 年，继广州、杭州和明州后，朝廷于泉州城南界外设立了第四个“市舶司”，管理海洋贸易事务。后于 13 世纪时纳入城内。其西侧临翼城城墙旧址，西北侧有水沟连通城市的城壕与晋江水系，东侧可通往镇南门。此后市舶司在泉州不断撤复。1472 年市舶司迁福州后，这里也就逐渐荒废，并渐为民居所占用。图为如今可见的市舶司遗址。

2 宋代重视海洋贸易，为祈愿航行安全，官方还定期举办祈风典礼，并将祈风经过刻于石崖上。九日山现存祈风石刻十方，是泉州海外交通史的珍贵文物，被列入《世界遗产名录》。

了众多国外番客，其间小巷密如蛛网，是许多移民社区所在地。今天，人们所熟知的聚宝街、青龙巷等，都在泉南范围内。

宋元时期，泉州的海洋贸易发展至顶峰，这得益于国家权力意志和民众个体利益的合二为一。海外交通与内陆漕运充分融合，最大程度地突破了大海与高山的阻隔，推动泉州走向了最辉煌的时代。泉州接纳了自身的边缘位置，发展出与传统重农抑商意识形态不同的海洋性地方文化。

这种官商合营的凝聚力也体现在丰富多元的文化信仰活动中。今天，泉州被誉为“世界宗教博物馆”，拥有大量历史文化遗产。佛教开元寺、基督教天主教堂、伊斯兰教清净寺、印度教番佛寺、摩尼教草庵、蒲家花园以及大量泰米尔文和阿拉伯文的石碑，都是当时泉州作为“梯航万国，东南巨镇”中外文化交流的印证。

另一方面，许多起源于民间的山神信仰，后被接纳改造成官方化的崇拜对象。如通远王，原是民间舶商祈愿航行安全的海神，后来在市舶祈风仪式*中受到官方的直接奉祀。天后崇拜始于北宋民间，后多次受朝廷加封显赫名号，令地方官员重视和致祭。流传至今的泉州南戏、南音和木偶戏等，都是在宋元时期广受欢迎的汉人民间文化活动。

宋元时期的泉州形成了生动活泼、充满人性化的都市生活方式，这在中国城市发展史上有革命性的意义。

03
从铺境到古城：城市形态趋于稳定

宋元之后，泉州极盛转衰。

1368 年，朱元璋建立明朝。作为本土汉人王朝，明朝集中精力守卫陆上边界，将目光重新转向西部和北部，将海外贸易垄断在统治阶级手中。“片板不能下海”的禁令让沿海省份人口下降超过一半，大量商人逃离到南洋，寻求新的商业机会。泉州元气大伤。

明清两代，封建集权统治接近顶峰。正统的理学意识形态让官方对商业极其戒备，统治者用防卫姿态处理海洋事务，将番客视作海盗。明清时期，泉州从开放、繁荣与多元的文化气质逐渐转向封闭、衰退和单一。官方试图更加直接地监控社会，在泉州形成了类似保甲的“铺境”制度。

“铺”是官方设定的基本居住单元，是面状、有边界的区域，由严密的海防措施和军事化管理的铺兵制度演化而来。而“境”，是一种民间自发形成的、具有共同信仰和祭祀的自然社区。一铺下通常有多个境。为了让国家管理直接下沉到每家每户，铺吸纳了以民间信仰为基础的境。一个铺境空间往往有明确的区域范围、固定的社会群体以及强烈的地域认同。“举闾阎、耕桑、畜牧、士女、工贾，休戚利病可考”，可见它在民众日常生活、生产贸

古代福建人口变迁

●福建人口（单位：人）

福建省的发展主要从唐末五代开始。南宋是福建户数的历史最高点，也是宋朝泉州港兴起的先决条件。元代人口有所下降，但仍有体量。明朝之后实行海禁政策，泉州乃至整个福建人口逐年下降，经济也随之衰退。人口的变化，与泉州城市发展的轨迹重合。

前 111 年 西汉元鼎六年	280 — 289 年 西晋太康年间	607 年 隋大业三年	742 — 756 年 唐中期 天宝年间	980 年 北宋初期 太平兴国五年	1080 年 北宋中期 元丰三年	1102 年 北宋末期 崇宁元年	1162 年 南宋初期 绍兴三十二年
约 400000			511587		2043032		2803851

资料来源：梁方仲，《中国历代户口、田地、田赋统计》，上海人民出版社。中国航海学会，泉州市人民政府，《泉州港与海上丝绸之路》（卷二），中国社会科学出版社。杜瑜，《泉州港地理历史研究》。陈景盛，《福建历代人口考论》，福建人民出版社。

易、节庆神诞、娱乐休闲中均扮演重要角色。作为行政、信仰和生活空间交叠形成的社区共同体，铺境成为泉州城市形态的基本单元，延续至今。

明清两代，泉州城市形态趋于稳定，鲤城的风水意象大体维持原貌。民国时期，拆城辟路被视作建设现代化新都市的前提条件，唐子城的鼓楼、城墙与城基被视为“封建废墟”遭到拆除。20 世纪 20 年代，西街被拓宽至 7 米；在众多海外华侨的资助下，中山路修建完成，沿街为廊柱式骑楼，有浓郁的南洋风情。随后又修建了国立海疆学校、泉州医院等建筑，成为泉州向现代转型的历史见证。

古城内部，十字街的空间轴线如骨骼一般，内里是丰富多样的传统民居，肌理致密、态势开阔，形成统一而丰富的古城建筑群。经典的官式大厝和“前店后宅”的手巾寮遍布街巷，是传统街区的建筑主体。

1982 年，泉州入选第一批中国“历史文化名城”。这让历届泉州政府对古城保护都相当谨慎，古城风貌得以延续至今。20 世纪 90 年代，泉州扩建东街，引导城市向东发展聚集。进入 21 世纪，泉州市政府迁至面向泉州湾的东海新城，引入商务、金融、文旅、跨境贸易等新兴产业，逐渐完善学校、医院、商业等配套设施，吸引人们向东部新城区聚集，环泉州湾发展。

随着泉州以“宋元中国的世界海洋商贸中心”主题在 2021 年成功列入《世界遗产名录》，泉州在宋元时代的辉煌备受瞩目，推动了文化旅游产业的兴盛。泉州人也越来越能体认海洋对于自身城市命运的重要性。泉州城市发展史，正是中国人走向大海的一个缩影。尽管显得格外谨慎、曲折，但最终，人们还是拥抱了大海。它开放、包容、向外求索的海洋精神，为中华文明塑造了极其珍贵、浓墨重彩的海洋维度。

泉州，正重新向大海走去。

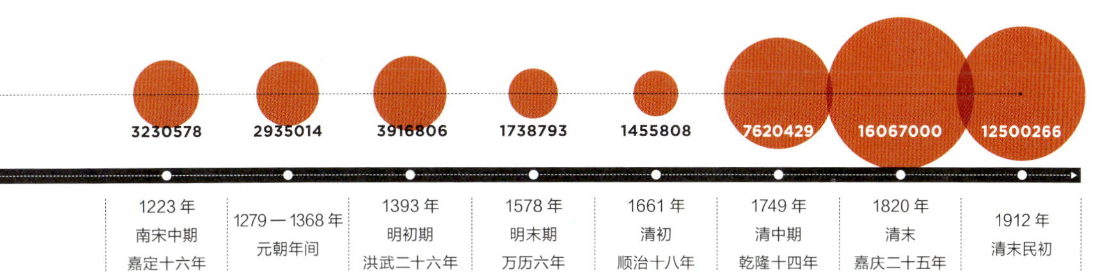

泉州立面：中山路

text
/
曹中
顾笑吟
唐慧

photo
/
刘树奎

中山路并非那种“游客必去”的网红街巷，但人们又常常搭着本地公交“小白”穿过这条街道。在社交媒体上，旅游攻略往往会用中山中路串联承天寺和西街。

初次拜访的人会对中山路两侧超过 2 公里的联排骑楼印象深刻。它们紧密排布，红灰交错。但如果细心往那些骑楼交界的地方探一探，你会发现一些只能挤得进一人的巷子，它们要么通往一个庞大、交错的住宅空间，要么引出一个铺境的庙宇——甚至将道教和佛教的元素糅合在一起。生活空间就这么与商业空间交融起来。走几步，抬头还能看见“美利宾理发室”“林万昌箱铺”“罗克照相馆”这样颇有时代感的店招，激起人们对历史的好奇心。

01
一条现代中等城市汽车路的诞生

这些“老店招”下早已不是当年的店铺，但中山路看起来仍是百年前的样子。如今这里的风貌，正是一个标准的城市规划的产物，主要继承自民国时期的“拆城辟路”运动。

1922 年，泉州第一条汽车公路“泉安公路”通车，这条道路连接了安海镇和泉州顺济桥。货物可以从安海镇的南港，通过顺济桥横跨晋江，从南侧进入泉州古城。此时古城仍是高墙围裹的旧式格局，没有汽车道。辛亥革命后，不少泉州出身的华侨归国，他们敦促当时的执政军阀组建“市政局”，发展交通事业。

市政局的首要任务是拆除妨碍城市交通向外发展的城墙，拓宽街道和公路。“拆城辟路”从拆除南侧城垣开始，市政局打算将其建设为“南新马路”——后来更名为“中山南路”。南新马路连接着“南大街”，当时路宽仅 3 米，也亟待拓宽。南大街是中山中路的前身。

在那次建设项目中，新马路由工程师雷文铨主持设计，他曾在英国学习建筑工程。他认为，泉州很快就会发展成中等规模城市。因此，他将新马路规划为一条宽 10 多米，中央能行电车的汽车道。道路两侧种植行道树，往外再设置露天人行道。因扩路而拆除的沿街建筑，重建时统一规划为南洋风格的骑楼。

中山路两侧有超过 2 公里的联排南洋风格骑楼。骑楼平面呈细长条状，以两层一开间为主。一层留出人行廊道，廊道内侧空间用作商铺，二层多用于居住或仓储。

道路拓宽工程受到了不少来自民间的阻力。市政局规定，城垣两侧 15 米内的土地属于官产，因修路而被全部拆卸的房屋，市政局全部赔偿，拆退 2/3 的房屋，给予部分赔偿，拆退不及 1/3 的则不予赔偿。南大街较为繁华，市政局预想拓路会有较大阻力，于是改变了道路规划——稍微缩窄马路的宽度，不再设露天人行道。

市政局还把南新马路准备修建露天人行道的地块切割，作为官地出售，以充建设经费。商人、华侨争相购入官地，成了中山路骑楼的主要投资群体。《鲤城区志》华侨卷记载，1925 年至 1937 年间，“华侨投资泉州房地产业的资金 100 多万元，主要街道两旁的楼屋多数是华侨购建的”。

对泉州古城来说，骑楼是“新来的”。学界的一种观点认为，近代骑楼最早出现于新加坡华人商业街，后来传到广东、闽南地区。在“拆城辟路”之前，泉州城内的民居主要分为“大厝”和“手巾寮”。“大厝”出现得最早，构造类似于四合院，由中原地区的移民在西晋时期传入。“手巾寮”开间小，进深大，平面呈长条毛巾状，最早出现在 18 世纪末。“大厝”多分布在泉州古城中心，“手巾寮”多分布在城南沿街——面街的空间用于开店，其后用来居住。

骑楼与“手巾寮”的构造相似，平面呈细长条状，以两层一开间为主。一层留出人行廊道，廊道内侧空间用作商铺，二层多用于居住或仓储。这样的设计正适合泉州的气候，行人可在廊道避雨，也可躲避太阳直射。根据业主的实际需要和财力，有的骑楼“生来”就是三层，甚至四层的。

骑楼的进深从几米到七十几米不等。有研究显示，骑楼的房东也会收购内侧民居。他们打通与骑楼相邻的空间，拓展店面进深，以提升沿街空间的商业价值。

中山路的骑楼建设有一些“众筹”的色彩。不少骑楼共用沿街立面和垂直于中山路的侧墙，它们的柱子和窗花样式却不同——不同开间分属于不同房主，建设却是同时进行的。王顺福参与了最新一轮的泉州古城保护提升工程，现在是泉州市古城保护发展指挥部建设组副组长。他解释说，中山路两侧的骑楼最初由地方行政机构委托设计师统一设计，民间认购。

泉州古城的建筑肌理在数百年间并未有大变化——那些“只能挤进一个人”的巷子，大多在骑楼建成之前就已经存在。它们是骑楼后方居民进入主街的出入口，也兼具通风、防火的功能。

中山路的骑楼设计正适合泉州的气候，行人可在廊道避雨，也可躲避太阳直射。

骑楼的建设持续了近 30 年。中山路两侧的骑楼建设时间各不相同，也呈现不同样式。从 1922 年到 1925 年，中山路已经往北拓展至钟楼，道路工程基本完成。但直到 20 世纪 40 年代末，路两侧的骑楼才大体建成。这些骑楼既有一定的统一感，立面和装饰又各有特色。人文地理学者方拥认为，中山路两侧的建筑设计是建筑师和工匠合作的结果。

现在，中山路那些“招摇”的牌匾，基本都是参照这个时期来修复的。你能很轻易地找到“罗克照相馆”的牌匾，它占了好几个开间。这家照相馆的历史可以追溯到 1914 年。它的创始人姓陈，二代店主在 1934 年把店铺搬到了中山路。经过国有制改革，这家照相馆不再属于陈家，直到 2009 年停业。

02 中山路的盛与衰

新中国成立后，中山路面貌变化的速度慢了下来。由于地理位置与台湾相近，在新中国成立之后，泉州依然长期处于备战状态，难得有大规模的建造活动。

在之后的几十年内，泉州的城市规模始终没有超出早年那位工程师雷文铨的预测。在改革开放前，中山路的变化主要集中在路面铺装和行道树。20世纪 60 年代，水泥路面受损严重，中山路改铺花岗石板。但石板承受不了机动车重压，不久后又改回水泥铺装。榕树、杧果树等本地树种也渐渐出现在中山路上。到二十世纪七八十年代，中山路已经是一条林荫道，茂密的树叶遮挡了天空和建筑立面。

尽管物理格局变化不大，中山路路边的业态却在跟着人流变化。20 世纪 80 年代开始，大量华侨回乡投资建设，加上不少农民转去务工或经商，城市居民迅速增加。老城区的各类问题逐渐暴露出来。

最显性的问题是交通。中山路一直是泉州前往厦门的主要道路。随着机动车增多，这条宽约 10 米的道路愈发拥堵。直到 1984 年，泉州大桥开通，车辆可以沿古城东侧的温陵路过江，缓解了中山路的交通压力。20 世纪 90 年代末，在时任泉州市市长何立峰的推动下，中山路东侧的涂门街、东街拓宽，新建的沿街建筑保留了骑楼的形态，二层以上多为公寓。在进深较大的街区，远大于古城体量的多层居民楼组团拔地而起。

这轮拆建并未影响到中山路的整体格局，变化主要集中在道路本身——沿街建筑立面焕然一新，路面由水泥材质变成了沥青。

中山路上经历了这轮拆改的居民回忆，当时泉州有当地官员“阻止了”对中山路和西街的大拆大建。早在 1982 年，泉州就被评选为第一批国家历史文化名城，而中山路街区是核心保护区。第二年，《泉州城市特色的保护和创不少骑楼共用沿街立面和垂直于中山路的侧墙，它们的柱子和窗花样式却不同——不同开间分属于不同房主，建设却是同时进行的。根据业主的实际需要和财力，有的骑楼可以盖至三四层。如今，它们形成了错落有致的街道景观。

造——历史文化名城保护规划》中划定了“三片一线”的核心保护区域——其中“一线”指的就是中山路历史街区。这像是给中山路戴上了“紧箍咒”。泉州市古城保护发展指挥部建设组副组长王顺福解释说，在中山路街区施工，需要经过国家级主管部门的批准，地方政府也会更加谨慎地对待拆迁和改建。

即便如此，中山路也往上“长了长”。泉州广播电视台节目主持人魏怀民担任了十多年泉州古城讲解员的培训导师，他记得，一些房东或其委托的管理人“借古城改建的名义”，加建、扩建了中山路两侧的房屋。泉州晚报社记者王了说，老泉州人一般不喜欢加盖楼房，若真有需要，一般是在中山路“买地”或破旧房屋，重建成超过二层的楼房。

更多的变化出现在中山路南段，这轮改造后那里逐渐衰败。城南曾经是泉州最热闹的地区。这里是泉州港与陆上交通交接的要津渡头，小船从港口大船接驳货物，然后在这里上岸卸货。挑担的工人和商人聚于此地。

随着陆路运输的发展，城南地区的港口功能逐渐消失。在涂门街、东街等路段扩宽之后，车流和人流逐渐向北部、东部转移，城南变得更加没有人气了。2000 年之后，中山南路几乎成为电动车销售、维修一条街——临街店铺面积大，适合摆放车辆，房租相对便宜。电动车是古城居民走街串巷的利器。除了电动车店，中山南路更多的是提供生活服务和销售家具建材的店铺。

同一时期，夹在东街和涂门街之间的中山中路聚集了更多人流，服装、饰品店占了绝大多数。根据王顺福的观察，靠近中山中路的打锡街一个店面最夸张的时候一年就要几十万的租金，只有高端服装店能生存下来。

可以说，中山路曾经是引领泉州生活方式的一条街。人们选择来这里的服装店追赶时尚潮流，来这里的百货公司置备家用物品。直到 2012 年，古城区之外的泉州浦西万达广场开业，抢了中山路的风头。人们逐渐习惯了去“更现代”的商业综合体度过休息日，也有条件在线上完成消费。泉州的年轻人发现，中山路是真的有些“老了”。

03 中山路大改造

如果说之前的中山路只经历了小修小补，那么 2018 年开始的最新一轮改造，则让中山路有了更加“彻底”的改变。

对游客来说，中山路最大的变化是：行道树没了，那些引人瞩目的招牌得以“重见天日”。王顺福说，这些本地树种根系发达，生长了几十年后已经威胁到建筑的地基，也影响地下的水管和电力设施。

在社交媒体上，有不少网友怀念有树荫的中山路，“夏天逛街都很阴凉”。原本位于中山路东侧沿街的旺瓜小食铺，在改造后搬到了侧巷里。店员说，在夏季，一直到下午五点店铺都会被太阳光直射，摆放在外的零食会被晒坏。

周孙家却很喜欢中山路没有树的样子——“一眼就能看到清源山”。周玉苑茶庄自 20 世纪 20 年代就在中山南路上经营，周孙家是第六代店主。他从长辈那里听说，如果看不到清源山上的塔，那当天是要下雨的。

砍掉行道树只是新一轮改造工程的开始，更多的变化发生在难以察觉的地方。提升市政基础设施是最新一轮改造的重点。泉州地区降雨集中在春夏两季，暴雨过后，中山路的大部分段落都会出现严重的污水泛滥。老旧的基础设施也满足不了电力需求，不少房屋经常因为电容不足而跳闸。

这轮改造由泉州市古城保护发展指挥部主导。2015 年康涛就任泉州市市长，第二年他就牵头成立了泉州古城保护发展工作协调组（后更名为古城保护发展指挥部，后文简称为古城指挥部）。各政府部门派人至古城指挥部挂职，指挥部负责统筹和协调泉州古城保护事项。中山路以及周边街巷的改造主要由两家市级融资平台出资，其下的子公司负责执行。

改造最先从地下开始。曾经中山路巷子里布满了管线组成的“网络”——有的是电线，有的是光纤，燃气等管道也暴露在外。而现在，“三水两电一气”都被集成到了地下，每家每户有着不同数量的接口。“三水两电一气”指的是雨水、污水、自来水，强电、弱电以及燃气。这项工程的出资方是泉州水务集团，负责施工的主要是其子公司——泉州水务工程建设集团古城建设分公司。分公司总经理董灿伟说，之后各运营商为居民开通服务时就不必反复开挖地面，可以直接向他们租用管线。

1—4 从骑楼交界的地方往里探一探，既有花巷（1）、金鱼巷（2）这样已经开发完成的街巷，也有居民仍然密集生活在内的狭窄小巷。

老城的“烟火气”
离不开这些本地居民。
政府想要将他们“留住”
——这里有硬件设施
亟待改造，
但古城不能变得太快。

从风貌的角度来说，中山路确实正在回到它百年前的样子。“修旧如旧”——恢复中山路20世纪30年代到20世纪40年代的风貌是本轮改造的目标之一。这意味着，除了重新挂上老店招，还需要拆除不协调的“违章搭建”。比如说，一些房顶上的铁皮棚、鸽子笼就被拆除了。

相比路面和管网建设，推进建筑物改造要显得困难许多。除了立面修复，这轮改造还包括房屋加固。古城指挥部和负责实施的单位，需要与房东达成一致意见才可以推进。时至今日，即便经过国有制改革，中山路街区仍有很高比例的房产为私有。王顺福表示，中山南路街区有超过七成房产归私人，中山中路附近的比例更高。当地居民也提及，中山南路有一些房屋的主人在“文化大革命”期间离开了中国，现在很难联系上。即便房屋产权明晰，一栋房子也可能继承给了数个产权人——他们有血缘关系，但未必能达成统一意见。

这样，中山路街区的不同类型房产会在不同的运营管理模式下进行改造。对于部分需要修缮的私宅，泉州文化旅游发展集团有限公司（后文简称泉州文旅集团）免费为房主修缮房屋，以换取一定时限的使用权；如果找不到房主，泉州文旅集团会倾向于修缮房屋立面，加固危房。另一方面，泉州文旅集团接管了古城区域内的部分国有资产，当用地性质转变为商业用地，他们可以通过出租或与民间合资的方式继续运营管理。

04 老招牌下的新业态

今天，由于年久失修，商业价值也不如一层，中山路很多骑楼的二层都无人使用。你能在中山路上看到具有旧时代气息的招牌，却找不到几家老字号店铺。“罗克照相馆”的牌匾下实际上是361°和特步的专营店。这样的情况并不是个例。

靠近钟楼的大上海理发厅是少数还在原址营业的老店。大上海理发厅于20世纪40年代开业，是周边居民的理发铺子，国有制改革后成了集体所有的理发社。1959年店铺扩张，大上海理发厅搬到了现在的位

1 店铺在中山路上发生着与时代吻合的变迁。如今，你能在中山路上看到具有旧时代气息的招牌，却找不到几家老字号店铺了。

2—3 大上海理发厅一楼的另一半空间和二楼属于复合文化空间“茶卓仔”。这家店承载着茶歇、物产店和展览等功能，做一些结合年轻业态和老业态的尝试。

2
3
1

置。后来，泉州文旅集团从泉州市廉租住房与公房管理所那里拿到了房屋产权。2021 年修缮房屋之后，泉州文旅集团将一楼北侧空间重新租给理发社，月租 1000 元，租约五年。老师傅们可以继续在这里理发，直到退休。

2023 年起，大上海理发厅一楼的另一半空间和二楼属于复合文化空间“茶卓仔”。这家店承载着茶歇、物产店和展览等功能，做一些结合年轻业态和老业态的尝试。“茶卓仔”也是从泉州文旅集团拿到租金优惠的租户。泉州文旅集团党委宣传部的陈丽娟表示，大上海理发厅这样的空间有一定公益性质，背负着“引导业态”的职责，并不对外公开招租。

另一家老字号则并非从中山路起家，而是找机会“开进了”这条百年老街。2023 年，老字号水丸专营店“车桥头文阿”在中山路开出了第三家店。水丸是鱼肉和地瓜粉制成的熟食品，是泉州的地方小吃。此前数十年，“车桥头文阿”只在城南聚宝街尾车桥头附近有两家店，分别做水丸的零售和堂食

1 老字号水丸专营店“车桥头文阿”在中山路开出了第三家店。考虑到游客的需求，这家店开发了多种套餐。

2—3 泉州文旅集团也改造了好几个中山路街区的“点位”。2023 年底，精品酒店品牌 SLH 旗下的七栩酒店在钟楼旁开业，那里曾经是钟楼百货大楼，是鲤城区政府的资产。在跟中山路形成垂直路网的通政巷，泉州文旅集团改造了中侨集团电子仪器厂，经营起“巷遇精品酒店”。

生意。那里曾是水路运输的起卸点之一。

2015 年，“车桥头文阿”店主林霖从父亲手上接过家业。她发现店里多是熟客，于是想往外拓展试试。八年后，她终于租下了“心心念念的那个位置”——中山中路和打锡街交叉口。从这里向西走一两分钟就可以到达泉州酒店，那曾是泉州最好的酒店。她希望能将水丸卖给更多人，靠近西街的中山中路是游客较多的区域。林霖说，那里在“重修后沉寂了好久”，再加上疫情，她租下铺子的时候，恰是店铺租金的低点，但即便如此，这个位置的租金可能也要比那附近店面的平均租金贵一倍。

林霖从私人房东那里拿下了租约。在“车桥头文阿”之前，那里开着一家销售黄金的店铺。据她所说，盯上这间店铺的租客不止她一个，但并不是所有人都愿意一次性花那么多钱——很多人希望房东把空间切割得更小。林霖很干脆，直接租下了转角靠南侧的空间。与她共享这一层空间的是瑞幸咖啡。考虑到游客的需求，林霖为新店开发了多种套餐。

城市规划学者的研究显示，2021 年前后中山路沿街店铺约四成都是平价服装店，它们集中在中山中路，主要服务附近居民。多位受访者表示，中山路上游客真正多起来，还要到 2021 年泉州“申遗”成功之后。此后，中山路上开出了越来越多面向游客的店铺，比如现制茶饮店、小吃店或是纪念品商店。

顺应游客需求，泉州文旅集团也改造了好几个中山路街区的“点位”。2023 年底，精品酒店品牌 SLH 旗下的七栩酒店在钟楼旁开业，那里曾经是钟楼百货大楼，是鲤城区政府的资产。在跟中山路形成垂直路网的通政巷，泉州文旅集团改造了中侨集团电子仪器厂，经营起“巷遇精品酒店”。像大上海理发厅这样曾经服务于本地居民的店铺，现在也成了一处打卡点。一名居住在中山南路沿街的居民担心，现在的西街已经不是泉州人的西街，“以后要是中山路也是这样怎么办？”

年轻的本地人离开了中山路，但“老泉州人”还在这里。2000 年后，泉州市城东区域开始开发，不少年轻一代搬离了中山路街区。一些离开的年轻人也承认，这里房子虽然老旧，但依旧是生活便利的区域。在中山北路，有着百年历史的福建医科大学附属第二医院并未搬迁，只是在城东新开了院区。泉州第六中学、中山公园等基础设施也分布在中山北路。

老城的“烟火气”离不开这些本地居民。政府想要将他们“留住”——这里有硬件设施亟待改造，但古城不能变得太快。一份古城指挥部的工作汇报中写道，“泉州古城保护避免‘商业化’发展”。

中山路上，热闹的景象又回来了。主街上多了不少年轻人喜欢的东西，咖啡、甜点、果切，游客熙熙攘攘。骑着电瓶车拐进骑楼间的小巷，却又能看到铺境庙、肉摊和在外乘凉的邻居。老人把中山路看作儿时的回忆，木屐踏在石板路上的声音在脑中回响，那时这儿就是泉州最热闹的地方。年轻人也没有忘记老泉州的味道，林霖准备在新店中也摆上用于零售水丸的冷柜——老泉州人总要在节假日买点水丸回家。

Ⓟ 黄灿昆

Ⓟ 黄灿昆

© 黄灿昆

在泉州这个“诸神人间办事处”

神明是“靠山”，也是种“约束”

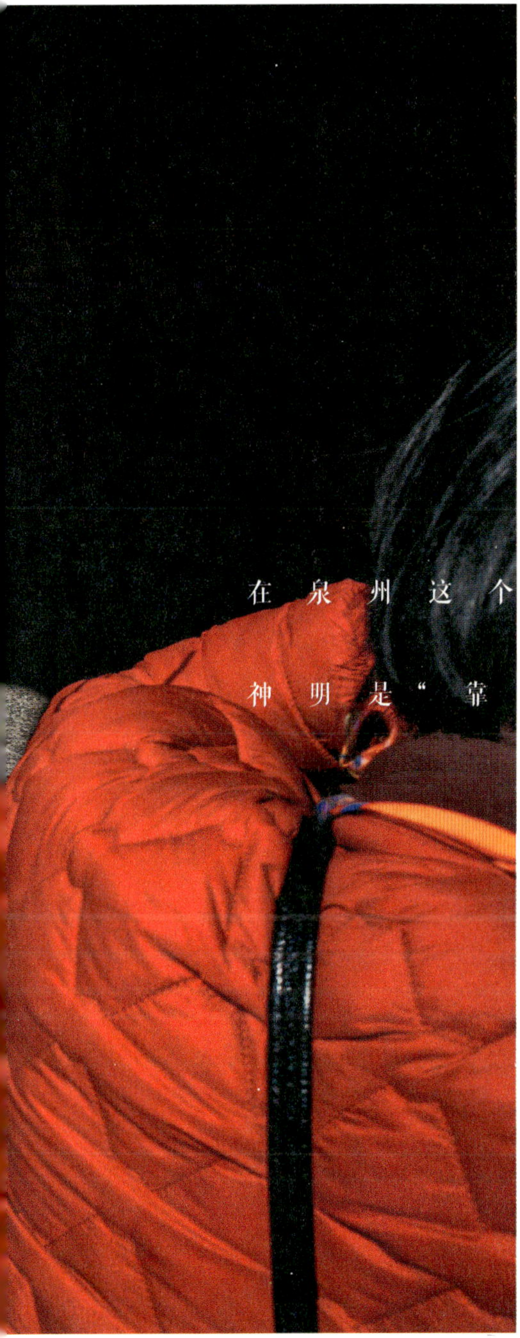

© 黄灿昆

泉州的“铺”与“境”

Ⓟ黄灿昆

text / 刘舒婷

photo / 黄灿昆 潘凌

illustrator / 周骋

走在泉州街头，你会见到许多大大小小的庙宇宫殿，其中最具有地方特色的，要数民间供奉地方神的铺境庙。它们有的气派恢宏，有的不过街铺门头大小，凑巧的话，你还能碰见居民在宫庙内礼神拜神的场景。正是这些散落在街巷之中的宫庙，塑造了泉州这座城市最显著的界面特征。

有如此多的铺境庙建立并得以保存至今，与明清时期泉州实行的“铺境”城市管理制度密不可分。铺境制度由官方规定的行政区划单位“铺”，整合基于共同民间信仰形成的自然社区“境”而成。

1 富美宫位于鲤城区南门万寿路水巷末端富美村、富美古渡头之畔（临江街道新桥社区万寿路 5 号），是泉州地区王爷信仰的中心。富美宫共奉祀王爷神 27 尊，主祀西汉名臣、太傅萧望之，是萧太傅信仰的发祥地；配祀文、武二尊王张巡、许远及廿四司王爷。富美宫组织的送王爷船活动，是富美宫萧王爷信仰传播到台湾乃至远及东南亚的一个重要途径。

2 这座位于泉州西街的妙因慈济宫供奉的是保生大帝。明清时期，妙因境区域包括孝感巷、曾井巷、小督池、孝感新村、花棚下、大春巷、五塔巷北段、甘棠巷北段等，妙因宫则是曾井铺-妙因境的境庙。

© 潘凌

泉州的“铺”原是明代为抗击倭寇、组织地方军事联防和收集地方信息而设立的兵驿单元，这时期的“铺”类似北方地区的“堡”，是集防御与居住于一体的聚居单位。因此，“铺”的设置直接服务于人口管理，贯彻一套严格的人口管控体系，实行约册、铺册、保册的登记制度。越是在城市中心地带的人口高密度区域，铺的面积往往越小，以确保每一铺能管辖合理数量的人口。在古代泉州，面积最小的几个铺对应着泉州城内人口密度最大的两个区域——沿东西街的精英阶层聚居区和城南古渡口旁的商业区。而“境”的本义为“疆界”，后指“地方或邻里”，在福建地区则是一种常见的地方信仰单元，是举行仪式活动的单位。

在宋元时代，商业精神在泉州得到了鼓励和发展。明朝开始，朝廷需要面对更多的社会冲突与内外危机。此时，就需要通过军事力量与领域的划分，去统领民间形成的空间结构，最终在明代中期，完成了新的城市区划制度。根据学者王铭铭的研究：当时的泉州，在“城”这一层次之下，泉州城区分为四隅，每隅再分为四图，每图又下辖数铺，每铺则包括两个以上的境。

“铺”与“境”空间共同构成了明清泉州城市社区的基本形态。道光版《晋江县志·铺递志》记载：“举闾阎、耕桑、畜牧、士女、工贾，休戚利病可考。”（乡里的居民，包括从事农业、养殖、读书、工匠和商业活动的人们，他们的喜忧、利益和弊害都可以被考察研究。）无论从事何种职业的人，凡大小事都要到铺境庙里拜拜，向神明述说，或祈求保佑将行之事顺利，或为所困之事祈求神明指点方向。可见，铺境空间在泉州市民的社会生活中扮演着重要角色。

最初，泉州铺境里的“约所”承担着处理地方政务的职能，而在民间语境里，“境庙”则是举办民间节日庆典的地方。但自明朝万历年间民间寺庙节日有文书记载之时起，铺境庙就已同时成为订立乡约、处理地方民事争端与举办民间节庆之处。到清代时，每个“铺”或“境”均设有铺境庙，各庙所祀神明各不相同，人们的信仰活动、社区生活都围绕着所在辖区内的铺境庙展开。

通常来说，铺境庙离境内各家户之间只有几分钟的步行距离。大部分铺境庙建于街巷的几何中心或丁字路口，有利于庙前形成较为开阔的公共空间，便于居民在此聚集、活动。少部分则是位于相邻铺境边界处，有守边的作用，承担着守护一方百姓的职责。

每当节庆或者神诞之日，境内社区居民会组织庆典活动。泉州地区将铺境庙的神诞庆典称为“会”。在“会”上，铺境社区从各家户收集捐献，平常家户多准备供品、礼花等物资，经济宽裕的家户则会负责组织巡游队伍或是摆戏台。此外，居民一般视境主公为料理万事的神，因此从祈嗣、生育、成长、冠礼、求学立业到死亡丧葬…… 事事可祀，与“境”的联系通常伴随着人的整个生命历程。

在明清泉州的官方志书中，关于“铺”有明确的记载与说明，对“境”却并无提及，更无“铺境”一说。“境”的踪迹多在古代契约、信件及古迹中出现，一般以“某铺某境”来指代方位，民间文献中将铺境宫中所祀神明称为“境

在泉州，
铺境制度有什么作用？

了解百姓人口数量及其增减。

掌握家庭及乡人财产的增减、积蓄花费情况。

反映岁时年成的好坏及灾变情况，以及兵员劳役征集的动向。

了解辖区内士农工商人员籍贯、职业、构成、规模、动向、发展、变化。

掌握、了解辖区规模、方圆里程。

对地方风俗民情的了解，及辖境内兴衰变迁的了解，以及礼教刑事等社会教化治理的施行情况的掌控。

资料来源：张惠评，许晓松，《泉州古城铺境神》，海峡书局。

明清时期铺境空间分布在现代泉州城区的复现

隅界　铺界　●铺境庙

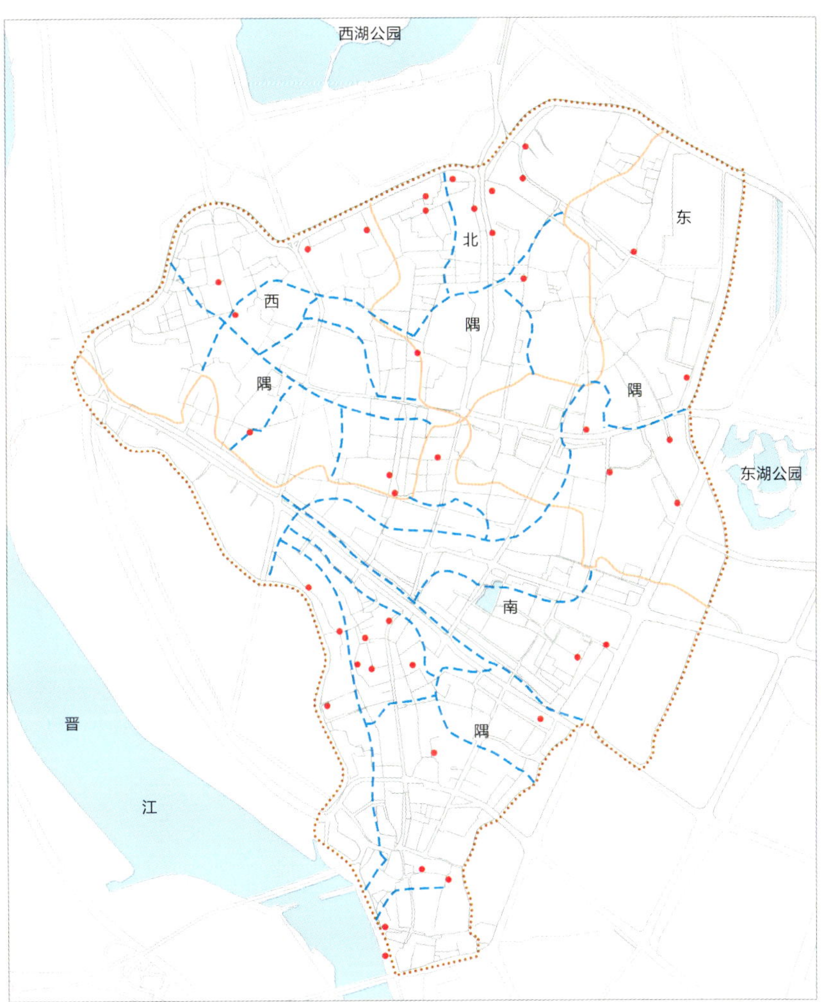

资料来源：根据泉州规划二所“泉州历史文化名城保护规划修编”项目资料重绘。图中铺境庙为目前泉州古城范围内仍存在的 40 座铺境庙：希夷古地、小希夷古地、文胜宫、约所关帝庙、白耇庙、执节古地、二郎古地、桂香宫、上乘古地、顶孝友宫、北山宫、通天宫、孝友古地、联魁宫、奇仕宫、奉圣宫、妙因宫、铁炉寺、熙春宫、古榕宫、真济宫、忠义关夫子庙、广灵宫、圣公宫、上帝宫、凌霄宫、日月太保宫、花桥慈济宫、通津宫、三义庙、永潮宫、辅德宫、南岳宫、泉郡溪灵宫、义全宫、龙全宫、天王宫、青龙堂、富美宫、后山宫。

明清时期泉州铺境分布表

隅名	铺数	铺境名
东隅	4 铺 12 境	1. 中华铺：壶中境、中和境、妙华境 2. 行春铺：行春境、桂香境 3. 衮绣铺：广灵境、忠义境、通天境、通源境、圣公境 4. 胜果铺：二郎境、执节境
西隅	10 铺 22 境	1. 清平铺：五显境、紫云境 2. 文锦铺：联魁境、甲第境、定应境 3. 曾井铺：妙因境 4. 奉圣铺：奉圣境、进贤境 5. 铁炉铺：铁炉境、芦荻境、五魁境、应魁境 6. 三朝铺：三朝境、宏博境 7. 万厚铺：古榕境、高桂境 8. 华仕铺：奇仕境、华仕境 9. 节孝铺：会通境 10. 锦墩铺：乌墩境、中堡境、白水营境
南隅	15 铺 36 境	1. 阳义铺：熙春境 2. 崇名铺：崇阳境、凤春境、凤阁境 3. 大门铺：南岳境 4. 溪亭铺：义全境 5. 登贤铺：小泉涧境 6. 集贤铺：大泉涧境、桂坛境 7. 三教铺：文兴境、后城境、百源境、龙宫境、广孝境、宜春境、玉霄境、上帝境、凤池境 8. 宽仁铺：奏魁境 9. 惠义铺：龙会境、灵慈境 10. 文山铺：文山境 11. 胜得铺：昭惠境、佑圣境、文胜境、仕公境、松里境 12. 善济铺：水仙境、蓝桥境 13. 育才铺：真济境 14. 慈济铺：浦西境、浦东境、通津境、永潮境、紫江境 15. 浯渡铺：浯江境
北隅	4 铺 14 境	1. 云山铺：生韩境、联墀境 2. 萼辉铺：白耇庙境 3. 清源铺：约所境、文胜境、小希夷境、大希夷境、上乘境、通天境、孝悌境 4. 盛贤铺：河岭境、北山境、孝友境、彩华境
附郭	3 铺 10 境	1. 东门驿路铺：仁风境、东禅境、岳口境 2. 南门聚津铺：水仙境、富美境、聚宝境、青龙境 3. 新门柳通铺：三仙坛境、黄甲街境、鲤洲境

注：标黄铺境位于泉州古城外。

资料来源：《泉州旧城铺境稽略》。根据县志资料，明代泉州城厢分为东、西、南三隅，由 36 铺 94 境组成。1765 年，为了重新安置一些军户，清政府在市郊增设新隅“北隅”，全城分为四隅 38 铺 96 境。

主公”“铺主公”。可见，“境”实际上并非官方划定的“铺”下辖的行政单位，而是一种以地方神祇的祭祀场所为中心组织起来的自然社区。因此，“铺”与“境”之间未必形成严格的统领关系，而是以一种“打配合”的方式构建起明清时期泉州城市管理的密网。

此外，“境”与有明确区划边界线的“铺”不同，一“境”所辖范围为一座铺境庙的管辖范围，可以说是一种靠共识存在的动态边界。因此，铺境内有了“迎境主公巡境”的传统。每年正月，社区要从境内选拔一位年长有威望，且有一定经济实力的人负责组织迎神活动。活动当天在铺境宫内举行“放兵”仪式，抬境主公沿着境界巡游。各境之间通过迎神绕境，划定各自境主公的管辖范围，同时向境外人、神表示其境内人民及财产不得侵犯。在巡游过程中，还会在铺境分界处系上勘界标志物和辟邪物。如若越界，极有可能会发生械斗事件。同样的仪式年底再重复一次，称为“收兵”。

自中华民国建立后，铺境制度也随着新的地方行政制度的实施而瓦解。城市化建设的浪潮带来人口急剧的流动，也让社区内文化共识和社会关系逐渐离散。本就依靠居民自主出资、共同维护的铺境庙也逐渐难以维系，越来越多的铺境空间为现代功能区所侵占，变成商铺、民居、公共设施，甚至夷为道路。目前，泉州古城范围内仍保存的铺境庙仅有 40 多座。

尽管铺境空间随着城市管理制度更迭逐渐消失，但以祀境主公为核心的铺境信仰却在世代传承中以民俗节庆与信仰仪式的名号保存了下来。在泉州中山路步行街的小巷敷仁巷内，一座铺境庙“登贤宫”正在为重修筹资中，根据捐资芳名录，除了仍居于此的居民外，已搬离的居民和在中山路上做生意商户亦有贡献。

今天，铺境的界限对人们来说已经难以识别，“铺境”这个词在年轻一代的本地生活经历里也已经找不到踪迹。铺境更多是作为一种民俗与邻里系统存在于泉州古城之中，铺境宫庙和境主公仍然被视作社区的精神象征，每到神诞日的仪式活动依然是社区最重要的公共节日。

但更多时候，宫庙成为社区内最自然聚集的微型公共空间，承托着社区居民信仰之外的普通日常：出入家门时偶遇邻居就驻足于此闲话两句家常，老人们日日团聚在屋檐下乘凉、打麻将，小朋友们在这里发明了无数个打发时光的游戏，一张张社区生活网从这里开始编织。

尽管“流动”成了城市居民的新常态，稀释着铺境内曾建立在共同信仰之上的社区共识，但铺境庙的存在，为人们提供了一个可以面对面接触的中心场所，使它正在新的语境下发挥着相似的作用——为居民的日常生活创造了更多偶遇的机会和社区文化符号，帮助发展成有所关联而非原子化的社区关系。

铺境作为一种地方城市管理方法，在无意间为泉州创造了宝贵的精神文化财富。时至今日，人们仍靠自组织的形式保护修缮历史建筑和仪式空间，传承民俗文化。它在越来越样板化的城市开发与界面更新中，以一种土生土长的营造方法，捍卫着泉州的城市微空间、市民生活和它独特的城市气质。

text
/
肖涵予
刘舒婷

photo
/
黄灿昆
潘凌
赵慧

诸神在泉州

农历每月二十六日为开元寺勤佛日，人们携带瓜果供品与鲜花前来，点香、诵经、祈福。平时，仪式约于上午 10 时开始。到了“头敬”及“尾敬”（正月与腊月的勤佛日），勤佛日由二十五日的夜晚 11 时开始，接纳众多香客深夜敬香。

“早上九点，大旗一竖起来，就代表队伍出动了。”

直至 2024 年，泉州蟳埔人黄坤水已经组织了五年的“顺济宫妈祖天香巡境”。“这天是最重要的日子，不管你在多远的地方做生意，还是多大的人物，都要回来。三四点天还没亮，女孩子们就会把自己最值钱的漂亮服装、金银头饰都穿戴上。”黄坤水说，“因为要簪花迎妈祖，鲜花都要提前‘抢’。”

追溯妈祖天香巡境（也称“妈祖巡香”“巡境添香”）的历史，断断续续有三百余年。1949 年新中国成立后，天香巡境一度停办。2005 年，在蟳埔村民的支持下，活动由当时的顺济宫管委会主任黄荣辉牵头恢复，如今仍是泉州具有代表性的大型民俗活动。

农历正月二十九日，妈祖神像被请出蟳埔顺济宫，坐上銮轿，在多个阵头的簇拥下绕境巡游。家家户户为此提前摆出香案，等待妈祖经过时点鞭炮庆祝，从香亭中取香末，添香敬拜。有的人还会直接举着香跟随队伍巡游。

巡境的日子离春节不远，准备工作因此十分紧凑。“大年初五开始，大大小小的会就开起来了。”黄坤水说。以 2024 年的“天香巡境”为例，该年的巡境由蟳埔顺济宫董事会组织，共设有安全卫生、民俗阵头、宣传报道、用餐财务等 18 个工作小组，调配了近 300 名工作人员，庙方人员与志愿者各占一半。

黄灿昆

黄灿昆

黄灿昆

© 黄灿昆

© 黄灿昆

开会时，“每个方块（小组）和表演阵头的领头人都要来，”黄坤水解释说，“路线怎么走、宣传车怎么开，甚至表演服装怎么搭配，都要在会上细化（决定）。队伍不会一直走，中途还有表演的节点，我们就要安排人去拉警戒线，不然一停下来游客冲进去怎么办？”

巡境当日凌晨五点，人们开始在顺济宫聚集。义工陆续将巡境物资搬往始发点妈祖广场，庙方准备请神入轿等仪式。为了抢占好的观看位置，记者与游客也会早早前来。上午九点，礼炮开道，多位青壮年通力拉起几人高的妈祖大旗，庞大的队伍正式出巡。方阵中，蟳埔女簪花围，穿大裾衫，击打大

蟳埔顺济宫妈祖天香巡境每年农历正月二十九日举办，以蟳埔女队伍为主要表演阵容。巡境途经多个社区，包括约 10 个表演点位。蟳埔顺济宫董事会将庙方人员与志愿者组织成不同工作小组，可能会调配几百名工作人员。

鼓小鼓。鼓乐声、扛旗抬轿队伍的喊声、观众的欢呼交错，声势浩大。

“我们村总共约 7000 人，巡境当天能出动 5000。”黄坤水说。2024 年，包括舞龙、舞狮、腰鼓等民俗表演阵头，参与“天香巡境”的分队接近 60 个。加上外地游客与媒体，该年的巡境吸引了 10 万余人。

这样盛大的民俗活动在泉州不是个例。有人向妈祖祈祷风调雨顺，也有人向关公许愿生意兴隆。同年，在离蟳埔村不到 10 公里的泉州鲤城区，主祀武圣关羽的通淮关岳庙用半年时间吸纳了 200 万名访客，是泉州香火最旺的寺庙。到了关帝诞辰（农历五月十三日），这里通宵开放，自凌晨起就人头攒动，庙前的香炉火光不断。

武圣关羽与刘备、张飞结义，成为历史佳话，象征忠勇诚信。生意人、企业家尤其信奉。除了本地人，每年还有不少华侨前往关岳庙拜谒。“碰上关帝诞辰，半个城区都可能‘瘫痪’。”泉州人邱联锋回忆。他从 2015 年开始做中英文双语导游，接待各地企业单位组团游览泉州，时常观览、参与各种本地民俗活动。

泉州是宋元时期重要的贸易港口，也是知名的侨乡。妈祖与关帝两大民间信俗随这里的沿海渔业、贸易与华侨的传播逐步发扬，积攒了不可忽视的影响力。邱联锋的工作室里也有一尊关公像，与土地公、婆并立。神台不大，灯火长明。

在泉州，人与神的“互动”远不止于此。除了接纳远近香客的大庙，这里还有许多供奉地方神、祖宗神的宫庙，藏在城市各个角落，只有附近的居民知道如何去拜。根据泉州市民族与宗教事务局 2020 年的统计，当年全市这样的民间信仰活动场所（建筑面积 10 平方米以上）已有 6962 处。

“在泉州，你很可能在高楼大厦之间偶遇一座金灿灿的小庙或宗祠。哪怕原来所属的村舍已经消失，它们依然存在。”邱联锋说。从万达广场这样的

众神存在于
市民的平常生活里，
这种存在感
又由人的仪式感构成。

泉州重要宗教/民间信仰节日*

勤佛日 农历每月二十六日	勤佛日传统源于抗战时期，开元寺常于每月二十六日施粥赈灾。以正月廿六（头敬）与腊月廿六（尾敬）两个勤佛日最为盛大。香客携带供品前往开元寺，在法师带领下诵经绕佛，打斋面（音同“打灾面”），为新年祈福。
拜土地（牙祭） 农历每月初二、十六	每月两次的土地神祭祀活动。土地神常被视为本地财神，商家尤其重视信奉。
天公诞 农历正月一日、九日	天公（玉帝）诞辰，泉州人准备“天公金”（又称“张张面”，写有“天官赐福”“招财进宝”等祝福语）与鱼肉瓜果等供品，前往元妙观，或在家内大摆桌祭拜。
田都元帅诞 农历正月十六日 八月十六日	戏神“田都元帅”神诞日，纪念历史人物、乐理天才雷海青，本地戏班在这天拜三牲果品，敬香祭拜，或向戏神奉戏。
妈祖天香巡境 农历正月二十九	蟳埔村每年正月二十九举办天香巡境，信众列队狂欢，绕境巡游，或前往湄洲岛（妈祖故乡）谒祖敬香。
妈祖诞辰 农历三月二十三	妈祖诞辰之日，各地妈祖庙举行“妈祖会”，地方宫庙前往泉州天后宫，通过民俗表演与祭拜仪式纪念妈祖。
关帝诞辰 农历五月十三日	相传这天是关羽“单刀赴会”，成为英雄人物的日子。也有说法称五月十三，关公斩妖立威。关帝诞当日如下雨，则为“磨刀雨”或“关刀雨”。这天，关帝信众前往各地关庙，敬香膜拜。
拜七娘妈 农历七月七日	七娘妈也被认为是“床母”“织女”，是护佑孩童健康的守护神，保佑孩子到 16 岁。为感谢床母照顾，人们在七夕节拜七娘妈，烧纸糊的“七娘妈亭”做“出婆姐间”，庆祝平安成年。

*注：除了特定的神诞日，每年的除夕、元宵、端午、重阳等重大节日，以及立夏、冬至等节气，泉州人也会祭拜关帝、土地爷等重要神明；家庭内，还须定期完成祖辈的生祭、死祭与宗祠总祭等。本表格按时间先后排序。

资料来源：根据公开资料整理。

现代商圈出发，往附近的楼房小区移动，不出 600 米，人们或许就会撞见一座“青龙古地康王宫”；在天后宫附近的小巷里，阿嬷们会借着泉郡天王宫殿前的荫蔽，在“托塔天王”李靖的隔壁聊天打麻将。

众神存在于市民的平常生活里，这种存在感又由人的仪式感构成。生活在泉州的年轻人杨静莹从小跟着家人“拜拜”：“祭拜村里的地方神明，不同村有不同的日期，可能是神的诞辰，也可能是最初‘请’神过来的那一天。”杨静莹村里的大祠堂供奉的是“三凤大元帅”，2010 年左右，祠堂重新装修，全村人一起扛三凤大元帅回娘家，“有点像回家探亲一样，把神重新‘请’到新祠堂。”

这样的场面，在民间信仰众多、被戏称为“诸神人间办事处”的泉州，几乎时时都在上演。这些时候，民间宫庙的“董事会”或“理事会”“基金会”便发挥作用。他们的名头常出现在宫庙旁的大红告示贴上，跟在一张张任务分工、表演流程，以及收支明细表后。

大型宫庙的董事会历经多届，有着明确成文的组织架构。泉州通淮关岳庙名列全国五大关庙，根据庙志，其最早的董事会可追溯至清朝咸丰七年（1857），由二十四名地方绅士组成。1983 年，董事会以更现代的形式重组，定名“泉州保护通淮关岳庙古迹董事会”。如今，关岳庙已被登记为民办非企业单位，董事会作为管理者，遵循明确的章程制度，负责维护文物、组织文化交流与慈善活动等庙务。

在蟳埔村，黄坤水也是当地顺济宫董事会的一员，他的职位是执行董事。遇到庙里的重大事情，他需要向董事会汇报。该董事会在泉州市民族与宗教事务局注册登记，有正规的公章、银行账号。黄坤水调侃自己“说白一点就是打杂的”。平时，他就像一位普通的海边村民，头戴棒球帽、穿着短裤凉鞋在宫庙附近忙活，哪里需要他，他就过去。

这些与神明“打交道”的人并不神秘。黄坤水说，泉州还有更细小松散的民间宫庙理事会，不像他们（这么）正规，人员也更少。“平常他们都各忙各的，碰到大日子才出来主持活动。”邱联锋形容道，“他们在村里也要有一定的话事权，才能挑头做这些事。”有时，当地“老人会”也履行着相似的职责。组织恢复妈祖巡香的黄荣辉如今就是村里老人会的一员，担任各种活动的文化顾问。

在杨静莹的记忆里，她们家也是如此：大型祭拜中，摆酒、唱戏、掷圣杯这些跟神有关的事，大部分由本地读过书、威信力比较高的中老年人负责，“这样的组织里有好几个人，分管不同的事务。管钱的就有两三个，一方面是因为事情多，一个人管不来，另一方面也是防止贪污”。

泉州民间信俗繁多，如果每场“拜拜”都做到位，一个泉州人每年可能有三分之一的时间花在各种祭祀活动上。这种情况下，人与人之间的经验、默契与自发性缓解了很大一部分压力。邱联锋了解到的民俗活动里，泉州人仿佛“不需要组织”，一到某个日子，大家就知道有活动要办，“好比农历正月十三、十四摆灯笼，谁家出粽子（供品）、每家出多少钱，都早有惯例”。

这样的惯例把泉州的宫庙、村庄社区与人联系在一起，已经是一种长久延续的民间自治模式。明清时期，泉州城市管理实行“铺境制度”，在基层行政单位“铺”下，设置若干具有共同信仰与祭祀传统的民居空间“境”，使信奉同一方神明的人围绕其中的铺境庙彼此团结、尽心参与地方事务。

如今，许多泉州人依然保持着这样的协作模式。泉州古城留有铺境庙 40 多座，邻里间各种祭拜仪式活跃，新的宫庙也仍在筹款重建。在古城外的蟳埔村，妈祖是庇佑村民的“境主公”，顺济宫就相当于“铺境庙”。黄坤水形容顺济宫董事会的工作，“一是传播妈祖文化，二是为社区争取一些收入。”这些收入一部分用于维护宫庙，另一部分用于发放各种福利，“我们每年重阳节都要给社区里 1500 名老人发福利。每人发几百块的红包，还有米和油。做得好，大家都支持你。”

潘凌

1 通淮关岳庙是泉州香火最旺的寺庙，人们向关公许愿生意兴隆。除了本地人，每年还有不少华侨前往关岳庙拜谒。关岳庙名列全国五大关庙，其最早的董事会可追溯至 1857 年。如今的关岳庙董事会作为管理者，遵循明确的章程制度，负责维护文物、组织文化交流与慈善活动等庙务。
2 泉州古城留有铺境庙 40 多座，邻里间各种祭拜仪式活跃，新的宫庙也仍在筹款重建。在古城外的蟳埔，妈祖是庇佑村民的“境主公”，顺济宫就相当于当地的“铺境庙”。

在杨静莹的老家，宫庙如果有祭祀活动需要经费，理事会一户户上门募款，“以前是家里多少人就捐多少钱，比如一人 5 元，五口家庭就捐 25 元。现在大家条件都好了，就不固定数额，想捐多少捐多少。活动剩余的钱就成为基金会的经费，用作老人费补贴、困难家庭补助之类”。

宫庙承担了一部分社区职能，关照居民的生活，加上世代传袭的信俗，人们因此更积极地投入各种祭祀的筹备工作、娱神表演中。到了蟳埔村“天香巡境”的日子，“家家户户门口都摆水、摆饮料，让过路人喝”，黄坤水说，无须庙方动员，表演阵头也逐年增加，“很多村民看到别人参加，自己也要上。今年我手上新增了两个队伍，明年还要增加一个 8 人大鼓队，他们自己去请师父来教，不用我们组织。有些村民没有高超的艺术技巧，就挑着荷花篮子巡游，也很好看。”

如今，各境的祭拜活动仿佛一场场狂欢，因防疫政策放开与社交平台的传播吸引了更多目光。但对本地人来说，“不管泉州有没有旅游热，这些民俗都没有断过”。做了多年导游的邱联锋说。更早的时候，人们并不只为了人气和热闹才这样做。泉州人每年如同条件反射般熟悉的“拜拜”传统，可能是多种因素共同作用的结果。

明清以来，闽南地区宗族文化浓厚。政府以官办祠庙的方式树立英雄模范、治理地方。同时，民众也通过明确宗亲归属、祖先崇拜的形式，结成乡族势力，彼此照拂。如今，在泉州的旧街巷里，仍有不少老屋门楣刻有“某某衍派”或“某某传芳”的字样，用于指明自家姓氏在中原的发源，以示正统，或是纪念某位重要祖先的模范德行。泉州人在围绕地方神、祖宗祠形成的团体中得到保护，免受他人的歧视与欺侮。

© 潘凌

在泉州的旧街巷里，仍有不少老屋门楣刻有“某某衍派”或“某某传芳”的字样，衍派用于指明自家姓氏在中原的发源，以示正统，传芳则意味着纪念某位重要祖先的模范德行。

因此，过去的祭祖拜神、踩街巡境，在某种程度上也是彰显各境实力、明确势力边界的行为。新中国成立前，在多山靠海、农耕资源紧张的泉州，因各自祖先、境主公聚居的乡民，往往因争夺田地、水源和码头爆发冲突，包括影响数十乡的“东西佛”械斗——分为东、西两派的铺境，因资源不均、边界受到侵犯而彼此交恶，引发暴力事件，伤亡惨重。

根据《泉州文史资料（第七辑）》的整理记载：每境每年向境主公祈求平安，要做“天香”，抬出神明巡境，贴“镇佛符”“钉”来勘定境界或乡界。但常因越界“钉”、抬佛或放鞭炮过界，别境就认为是“奇耻大辱”，引起殴打、抢佛，以及械斗，甚至村与村因此结下世仇，代代不相往来。

1949 年后，暴力冲突与借此滋事的土匪、流氓团体在新的治安规定下逐渐消失，原先单姓村间的分界也不再泾渭分明。市民的生活范围脱离了铺境限制，铺境庙建筑及祭祀民俗却流传了下来，成为泉州市民甚至各地同胞的精神依托与文化遗产，发挥着团结华人、文化交流的作用。

位于泉州鲤城区的泉郡富美宫毗邻富美古渡，每年举办象征祛邪、送灾的“送王船”仪式，常有台湾的宫庙信众组团前来参与。“疫情发生前，每天都会有两三辆大巴的台湾信众，带着那边的神像到富美宫、天后宫拜拜。相当

ⓟ赵慧

于让这些神像来大庙‘充电’。”邱联锋说，“他们（把这套习俗）传承得非常好，保存着一套完整的礼仪规制。”

闽台间的信俗文化交流在泉州不少见，人们很容易在各个宫庙里看到纪念两岸交流的字画。黄坤水对海峡那边的友宫挺熟悉，计划邀请台湾北港朝天宫共同巡香，“他们的表演阵头很不一样，有古老的表演，又有很现代的‘电音三太子’（一种结合现代造型与电音的台湾民俗表演）。连报马仔（妈祖绕境活动中的探路角色）都有各种新旧形式”。

泉州通淮关岳庙也是这类活动的圣地。历史上，关羽其实并未到过泉州。通淮关岳庙得以名列五大关庙，在于不少华人从泉州这一贸易港口及侨乡出发，将关帝信俗带往台、港、澳及东南亚地区，对其传播起到重要作用。每年关帝诞辰等重要日子，通淮关岳庙都会迎来台湾等地的信众谒祖敬香。

2014 年 12 月，关岳庙内的一尊关帝分身像曾“出差”台湾。根据中新社报道，这尊关帝像在台中、台北、台南等 20 多个地区绕境巡游，几乎巡遍当地近 160 间关庙。“闽南人有个习惯：去哪里先建庙。明清时期移民远方的泉州人，会把经关岳庙‘过炉’的关帝像带到目的地建庙，让他乡的同胞信众有地方求平安，逢年过节团聚。”一位关岳庙的工作人员介绍道。

“过炉”是一种“认证仪式”，通常有庙里师父在场诵念，再让关帝像绕香炉转一圈。待神像远渡外地，新庙会为此留下碑记，写明过炉分灵的始末。2023 年起，通淮关岳庙与厦门大学台湾研究院合作，作为台湾各关庙的祖庙，收集、整理它们的信息资料，做分灵认证。两岸关帝信俗同源，在今天，主持、参与各种关帝文化项目的通淮关岳庙，有着团结同胞的战略意义。

建庙一千多年，通淮关岳庙依然香火鼎盛。2023 年，由该庙捐出的香客善款超过了 2000 万元，被用于教育等各种公益事业。与过去不同的是，如今庙内采用“电子烧金炉”，香客在机器上选择“平安金”“成功金”等，扫码支付，机器即会吐出一张票券，证明心意已到，减少焚烧传统金纸的浪费与污染——尽管这一做法让庙外卖金纸的商贩们不太满意。

在许多人自发为妈祖巡境筹备节目的蟳埔村，比起人气，黄坤水更担心的是现场统筹与衔接。尽管今天的巡游已经可以用上对讲机、航拍器等新设备，就算演练时一切顺利，“活动当天鞭炮一放，（设备）就都不管用了”，仍要靠众人的经验和不断的临场调度走完全程。担忧之外，他也在构思新的表演，比如让蟳埔女与“电音三太子”合作，使巡境变得更加有趣。

城市建设也在变化。过去围绕祠堂聚居的大家族，如今不少分为小家庭，搬进新建的小区楼房。但家家户户的“拜拜”没有停下，有的小区会配备金桶，供住户统一烧金。日常分工上，仍始终主要由女性们操持。除了每家各自敬拜的地方神，泉州还有开元寺、承天寺、元妙观等大型佛教、道教圣地。但无论面向大佛还是小神，年长女性们似乎往往更加投入。

“拜拜时需要念叨一些保佑祈福的话，有的阿姨往那儿一跪，甚至要念上好几分钟。”年轻人杨静莹说。在家里，通常是妈妈拜什么，她也跟着去拜，“这些事情细分下去很烦琐。比起男性，女性们似乎更愿意为了让家里‘好’而去做”。村里游神巡境时，则由男性来抬神、扛轿。这些情况下，守旧的“男尊女卑”观念变得明显——抬神需要上桌将神像抬下来，而女性通常不能上桌。

新形式与旧俗在这里交织，构成了令人好奇的“打卡地”。严峻的疫情过后，通淮关岳庙的年轻访客增加，占到访客总量的八成。但这未必给周边的商业带来了多少变化。“大家都是带着目的过来，准备好了问什么，而不是慢慢逛。”工作人员解释道，“人们求财也不是求完就躺在家里，等着钱从天上掉下来，而是在知道自己要做什么的情况下，寻求确认——这样做是否可行？”

各种信俗保留至今，邱联锋认为“这是一种‘福气’”，让泉州有了现实的人

Ⓟ 黄灿昆

家庭里的女性们常常主导张罗着“拜拜”。很多泉州年轻人的“拜拜”传统，就是小时候跟着妈妈形成的习惯。

情味——夏日街边有免费奉茶，几乎所有宫庙都不收门票。神明是“靠山”，也是种“约束”。在信神的泉州人眼里，小孩出生有儿童守护神“七娘妈”护佑，生意人有关老爷指点；祖宗在上，所以要牢记自己几斤几两……有了他们，人们得以安心做事打拼，彼此团结信任，“不那么容易崩溃”。

巡游、簪花等传统事物变得火热后，当地文旅部门也开始策划、主导各种民俗踩街等活动。也许是因为新的组织者经验有限，不管是爱好参与民俗庆典的邱联锋，还是组织多届妈祖巡香的黄坤水，他们始终还是对民间自发的活动更有感情，更认可这种代际相传的习俗。

另一方面，在杨静莹认识的同龄人里，也有人不再固守繁复的拜神礼俗，投入新的生活方式。未来，各路神明、各种敬拜赋予人们的“安定感”，是否还会像泉州先民寻觅宗亲、向海求生时那样意义非凡，也许每个人都有不同的答案。

text
/
刘舒婷

photo
/
潘凌

illustrator
/
于瑒

半城仙：泉州的崇拜系统

泉州以其多元的宗教与民间信仰闻名，被称为“世界宗教博物馆”。自宋元时期刺桐港成为中国对外交往的重要口岸开始，大量海外商民来到泉州，带来了丰富的异域文化。除了佛教、道教、基督教、伊斯兰教和天主教五大宗教外，印度教、摩尼教、犹太教亦有迹可寻。

而泉州种类繁多的民间信仰，则与两晋之交时衣冠南渡有关。西晋末年，大量中原人士为躲避战乱南迁入闽，包含民间信仰在内的中原文化随之迁徙，又与当地人原有的“信巫尚鬼”习俗相融合。泉州民间信仰的神明也有不少来自中原，如雷神、门神、灶神、土地、城隍、财神等等。此外，古代泉州人民也热衷于造神，“崇有德，敬有功”，人们将历史或传说中的品德高尚、有功

**如何理解
泉州的宗教系统？**

中原移民带来的宗教

佛教、道教等

海外宗教

基督教、伊斯兰教、印度教、摩尼教等

民间信仰

关帝崇拜、天公崇拜、王爷崇拜、妈祖崇拜等

资料来源：根据公开资料整理。

在泉州，不同神明从不同维度上共同构成了泉州人民的信仰生活。

绩的人奉为神。这类民俗神多“掌管”人们衣食住行等日常生活，为俗世生活的方方面面提供保护。

人们认为，民俗神往世为人，因而了解民间疾苦，对百姓所祀之事能切身体会。于是那些不便与威严正神倾诉的家长里短、生活琐事，就都归民俗神管了。

民间信仰与宗教最大的区别，就是没有严格的宗教律条与仪式，也没有严苛的修身体训。供奉民俗神的宫庙也大多坐落在民居之间，因此，人们只要在生活中遇到困惑险阻，不分时日、不分事由大小都可以随时参拜，向神灵求助。久而久之，人们对民俗神自然更为亲近。

此外，泉州境内层峦叠嶂，水系发达，古代城内交通不便，各地之间的交往远不及如今通畅。因此也逐渐形成了泉州独特的具有显著区域性特征的民间信仰分布。比如，清水祖师信仰主要是在泉州府属的安溪、永春、德化三县流行。法主公信仰主要在永春、德化流行，广泽尊王信仰主要在南安流行，青山王信仰主要在惠安流行，而妈祖信仰主要在泉州沿海地区流行。

泉州神明众多，拜神的场景也很丰富，家户有中厅，宗族有祠堂，地缘性社区有各自的神庙，城内还有数量不凡的大庙。人们根据祀神诉求的差异，去到不同神明面前。他们之间并不互斥，反而从不同维度上共同构成了泉州人民的信仰生活。

泉州民间崇拜中最为盛行的几类崇拜

资料来源：根据公开资料整理。

天公崇拜

玉皇大帝，俗称“天公”，是一位神职至高至尊的大“神帝”。凡是人生的重大喜庆，如结婚、生子、耆寿等，民俗皆要举行拜天仪礼。每年年初一，还要在家中厅堂的“公妈桌”上摆供品，恭拜“天公”。

关帝崇拜

得益于明代理学的推崇，关帝信仰在民间极为盛行，关帝被称为民间信仰“第一神明”。这是一种把汉末三国时刘备的将领关羽神化的人物神信仰。人们崇拜关羽的忠义、正气、勇武，因而奉之为保境神灵，事事可求。

王爷崇拜

王爷神的职权直属天庭，由玉皇大帝敕封，是巡察人间善恶的神祇。民间信仰的王爷神，不是某个特定的神，而是泛指封王的神祇，整个系统有几百人，除个别神话人物外，绝大多数都是历史人物。泉州人祭祀王爷的习俗与全国各地送瘟神习俗相似，故王爷信仰常被误认为是瘟神崇拜。

妈祖崇拜

妈祖又称“天妃”“天后”，有传说其本名林默。后来被不同时代的朝廷认可，完成了“正祀化”过程。民间认为妈祖能预知吉凶祸福，时常扶危济险，救人于水厄海难。人们崇拜海神妈祖，祈求航海安全，水滨生活平安。

保生大帝崇拜

保生大帝，又称吴真人，曾在泉州施医赠药，救济百姓。人们奉祀他为恩赐安康的神明。许多铺境庙都奉祀保生大帝。

泉州人去哪里“拜拜”？

01 家户、商铺等私人空间

泉州人家宅中供奉的神像一般有：观世音菩萨、土地、灶君等，但具体祀奉什么神，随人们的意愿而选择。绝大多数家庭、商铺内都祀有土地神像，保佑财运亨通。

02 宗亲、铺境等地缘性社区

泉州各姓宗族都有各自的祠堂家庙，厅内除了祖先牌位，还会有祖公神位，左神右祖。祖公一般为本姓历史名人，比如陈姓的祖公是大舜帝，林姓的祖公是殷比干。地缘性社区原是中元普度最重要的发生场所，如今人们多在新年以及每月的初一、十五等日子祭拜。

03 城市公共空间

发生在整个城市且为政府承认的地方性大庙的祀神活动，往往更为隆重，多在岁末年初和各神诞日。此外，当人们有明确祀神诉求时，也多会前往相应的地方大庙寻求神明保佑，比如考学前往文庙拜孔子，商人到通淮关岳庙拜关帝，孕妇祀临水夫人，天旱时拜龙王爷，等等。

资料来源：根据公开资料整理。

千年前的世界最大港口之一

一段壮阔的开放贸易史

如今只能在泉州的石桥和神殿中

找到踪迹

ⓟ潘凌

泉州港，一段开放与管制的兴衰史

公元 1271 年，意大利商人雅各·德安科纳的船终于到达了此行的终点——泉州港。他被眼前港口的规模震撼，整个江面停满了各国的货船，规模甚至超过历史悠久的亚历山大港。他和仆人带着满船的胡椒、檀香木、玉石珠宝等货物上岸，与此同时，又有无数商船从这里出发，去往世界各地。德安科纳将泉州的见闻写作成书，后世取名为《光明之城》，这一度被认为是欧洲人对泉州最早的描绘之一，甚至早于著名的《马可·波罗游记》。

虽然德安科纳本人和这本书的真实性如今遭受质疑，但泉州在当时全球海上贸易中的重要地位，以及当时的繁盛毋庸置疑。

在海上交通兴盛之前，中外通商主要依靠中国西部的“陆上丝绸之路”。“安史之乱”之后，陆路交通受阻。以前商人往往在长安、洛阳等内陆城市落脚做买卖，现在他们转到了沿海地带。再加上陶瓷逐渐成为重要的商品，相比颠簸的陆路，海路更适合长途运输这种易碎品。因此，“海上丝绸之路”也称为“瓷器之路”。

泉州市舶司遗址。市舶司是中国古代的官方贸易机构，它的位置、权限、与商人之间的关系，都折射出泉州作为贸易中心的兴衰变迁。

泉州因此成长为马可·波罗笔下的“东方第一大港”，成为罗马教皇使者马黎诺里眼里“奇妙的优等海港”；摩洛哥旅行家伊本·白图泰甚至说“泉州港是世界大港之一，甚至是最大的港口”。

在与世界产生紧密连接之前，泉州只是一个边陲渔村。它地处南海和东海的交汇处，枕山面海，区内多为山地和丘陵。不同于大平原地区，这里的土地只能养活很少的人口。最早到来的部族，后世称为“闽人”，他们靠山吃山，靠海吃海，不长于耕种。西晋末年，泉州迎来大量北方汉人，他们因永嘉之乱从中原迁居而来，在晋江两岸生活，“晋江”这个名字便从此时而得。唐末，北方再次接连出现战乱，大批中原人涌入南方，其中有一部分到了泉州。而泉州也因北方移民的到来而受益。

早期移民给泉州地区带来了北方的农耕技术，将滨海盐土改造成适宜耕种的土地，大幅开发农业。剩余农产品的出现要求这个区域提供一定的市场交易和交通设施，泉州因此得到了初步的开发。而随着人口的不断繁衍，农业的开拓也受制于泉州的地理环境，在沿海地带的人们不得不转而依靠大海谋求生计——为了生存，这里需要贸易。

泉州有作为港口的先天条件。它位于古老东海航线和西航路的交汇处，崎岖的海岸线提供了许多可供商船停泊的天然良港，乘着太平洋季风从这里出发，往东可前往朝鲜和日本，往西沿亚洲大陆南下，可到东南亚各国，

text
/
顾笑吟

photo
/
潘凌

在商界的施压下，泉州从 1072 年起就开始上书要求在泉州设立市舶司，宋廷在 15 年后终于批准了这一请求。

再沿印度半岛到波斯湾，后沿阿拉伯半岛过亚丁湾，可到达东非沿岸。

五代十国时期，自河南南迁而来的王审知在福建建闽国，此时陆上丝绸之路已经因战争而受阻，大宗货物的买卖只能通过海路，王审知敏锐地察觉到了这个机会。他大力扩建港口码头，招徕外国商人，他的侄子、泉州刺史王延彬也以官方形式组织本地商船出海，主动参与海上贸易。

泉州在闽国的治下相对安定，那时已经有不少外国人渡海而来，也有许多勇敢的本地商人出海经商。这个时期，泉州以南洋转口贸易为主，商人将东南亚的货物转卖至中国内地、朝鲜、日本等地赚取利润，这项民间贸易所带来的税收也成为闽国的主要财政收入，因此得到官府的认可，直到宋朝建立。

为了避免战争，北宋和南宋都会定期向北方政权缴纳大量岁币，毕竟与战争相比，花钱求得安稳要便宜得多。因此，宋代立国者十分关心如何增加财力。对他们来说，海外贸易所得是一项重要的财政收入来源，应该抓在自己手里。所以在宋代，官方起初希望垄断海外贸易，拒绝民间参与。

宋廷先在广州——当时中国的海外贸易中心设立市舶司，下旨所有商民把手中的进口货物限期卖给政府，不能私自囤货和买卖。包括泉州、漳州在内的几个沿海地区都在此禁令范围内，这引起了民间的不满，商人们开始走私，地方官收了贿赂，也睁只眼闭只眼——禁令形同虚设。

朝廷当时规定只有在设有市舶司的港口才能从事海外贸易，泉州虽不在其列，但那时还是有海外船舶出入泉州。宋神宗时期，王安石变法，他设法改善税收，泉州的“非法”海外贸易被纳入改革之中：新法规定泉州商人出海时，必须先到广州市舶司呈报，取得出海公凭后才能成行，回程时也要先到广州市舶司给货物缴税。

来回都要到广州报到，这对讲求效率的商人来说实在太不方便。很多商人因此错过季风，影响了行程，加上从广州航行至泉州有许多沙洲地带，海船很容易搁浅。在这样的情况下，很多商人甘愿冒着被没收财产的危险，从泉州港秘密出发。

打破这种政策限制的，是旺盛的商业活动本身。在商界的施压下，泉州地方官员从1072年起就开始向朝廷上书，要求在泉州设立市舶司，历经几任地方官的接续进言，宋廷终于在15年后批准了这一请求。自此，泉州的海外贸易获得官方认可，商人往来泉州与海外不必再绕道广州市舶司，在泉州就可以完成所有出入关手续。

北宋灭亡后，南宋定都临安（现杭州），江南逐渐成为消费中心。当时泉州主要负责进口异域商品，这些商品一部分会继续北上，抵达长江下游各港口，临安是重要一站。商人们在江浙将货物脱手后，再购买当地所产丝绸、瓷器，带回泉州销至海外。

宋代泉州商人的船舶规模比以往都大，装备也更精良，比如船上开始配备“定位系统”。据记载，指南针自宋代开始投入航海使用；自此，船舶摆脱了沿海岸航行，由此开辟了由印度南端横渡印度洋直达阿拉伯、东非的新航线。同时，船员在夜晚也能辨别方向，大大提高了航行效率。

当时泉州的商船贸易在商业模式上已经进化到十分发达的程度。为了利润最大化，泉州商人实行一种“以舱代薪”的经营模式。船主雇佣船员，但不付工钱，而是在船内划定一些闲置舱位，由船员自主经营。他们可以将自己的货物带上船，然后到海外做买卖赚钱。在这种模式下，没有实力租整船的小商贩，也能以船员的名义获得直接参与海外贸易的机会，虽然他们不得不全程蜷缩在货物上睡觉。

商人享受着海上贸易带来的丰厚利润，宋时泉州市舶司所得的税收也在不断攀升。绍兴末年，泉州市舶司的收入几乎占到整个南宋市舶司收入的一半。

兴盛的海上贸易，由外向内推动了泉州自身陆路交通的发展，一个最典型的现象就是桥。为了方便货物转运和商民过江，两宋期间泉州出现了修造桥梁的热潮，平均每一两年就会有一座大型石桥诞生。中国古代四大名桥之一的洛阳桥就建造于北宋，它的建成几乎将港口与内陆之间的物流时间缩短了90%。大量兴建的古桥形成陆上交通网络，帮助泉州各港口更迅速地集散货物。

整个城市都围绕着商贸而转动。众多商人下海贸易，也带动了泉州本地的繁荣。泉州因此提供了大量可供贸易的商品，包括丝织品、棉织品、茶叶、陶瓷品等。泉州商人了解海外市场的需求和外销规则，以瓷器为例，作坊只需按照商人要求的式样、数量烧制瓷器，泉州商人会负责把它们及时销往海外市场。

频繁的贸易，使得泉州成为一个国际化城市。在宋朝，以阿拉伯人为代表的外国商人迁居泉州，形成了所谓的“番商”群体。对这些在远东经营着广阔贸易网络的外来者而言，泉州不仅是贸易据点，也是自己的第二故乡。

某种程度上，这是一种自上而下的开放政策。宋廷为招揽更多番商来华贸易，鼓励他们在泉州城外建立蕃坊作为居所，他们可以娶中国女子为妻，开办学校让子女读书，宗教自由也不受干涉。

不过对番商来说，最重要的还是营商环境。泉州对番商的确一度没那么有吸引力。当时宋廷出了规定，对有些已经缴纳过税的船货，朝廷要强制性收购，比如每当海外商船携乳香到岸，朝廷就要尽数收走，而且采买时经常压低价格。这让番商非常不满，来泉州的商人一度减少。时任泉州知州真德秀发觉了不对劲，随即协调泉州市舶司取消了这个所谓“博买”的政策，各地番商才慢慢回到泉州做生意，市舶税收也开始恢复。

对贸易有功的番商，朝廷甚至还会赐予官职作为奖励。封官的标准是番商贡献的税收额或是军功。比如北宋政府规定，“抽税分成达五万贯或十万贯以上的”，可以赏赐“提举市舶”一职，担任市舶司长官。这种鼓励官商合一的机制，极大影响了泉州后来的命运。

这种影响大部分来自一个阿拉伯番商群体：蒲氏家族。南宋时，蒲寿庚家族从广州迁到泉州，从事香料贸易。蒲寿庚曾担任泉州提举市舶，半官半商积累了大量财富，凭借强大的经济实力，蒲氏建造了大量贸易海船，他甚至多次出力协助宋廷击退来犯海盗。宋廷因此擢升他为福建安抚沿海都制置史——福建沿海地区的军事与民政最高长官。

这次嘉奖后约两年，元军攻破南宋都城临安，蒲寿庚成为宋和元竭力争取的关键人物。离开临安，张世杰等宋室遗臣护送宋瑞宗退到福建，来到了蒲寿庚的地盘，此时元兵也派出使节来到蒲寿庚府上。蒲寿庚最终选择了降元，泉州因此没有沦为宋元双方的战场，贸易也没有受太多影响。

广州则完全是另一番情景。直到最后，宋军残余部队与元军都在广州打得惨烈，许多之前定居广州的番商转移到福建，其中大部分撤往了泉州。此后，广州在贸易上的地位便退居到了泉州之后——泉州港由此成为中国第一大港。

蒲寿庚因为助元灭宋，赢得了元廷的重任。他后来担任福建、广东的市舶官职，总管对南洋的商贸事务。元初，忽必烈就派蒲寿庚出海南洋，除了宣布自己继承了中华正统，还重在邀请各国商人继续来中国做生意。在阿拉伯人人际网络的帮助下，蒲寿庚顺利了完成任务。泉州港很快开始复兴。

忽必烈对待财富，与前朝的宋高宗一样务实。元朝几乎控制了中国全部的海岸，它基本沿袭了宋朝引入的制度和机构，包括市舶司。随着造船和航海技术的进步，元代的贸易范围较宋时有了扩大，有学者根据汪大渊在《岛夷志略》中的记载，统计出元代与泉州有贸易往来的国家和地区超过 100 个，比宋代多出一倍以上。泉州的海上贸易，可以说到达了顶峰。

然而战争的巨浪到底还是打向了泉州。元末，朝廷对于地方的管制愈发无力，各地起义频繁，地方豪强组建起了自己的武装，泉州的番商也不例外。其中，由波斯人组建的亦思巴奚武装帮助元廷平息民变，掌握了泉州的统治权，但之后战乱演变成穆斯林派系之间长达 10 年的剧烈冲突，泉州的商贸和生活秩序被彻底打碎，商人和百姓的财富被军阀搜刮。番商不敢再来泉州。

元明易帜，明兵入泉州。他们视泉州的蕃人为蒙古族以前的合作者，在泉州的阿拉伯人、波斯人、蒙古人或被杀灭，或被迫逃亡，他们的宗教场所、居住区、墓园遭到了广泛的破坏。朱元璋深究蒲寿庚家族当年“导元倾宋”之罪，并下旨蒲氏家族子弟“不得仕官”，在泉州显赫百年的蒲氏家族也从此没落。

同时期，倭寇也来泉州“添乱”。元中期，日本进入混乱的“战国时代”，倭寇开始在中国东南沿海横行。明朝立国后，人们期待着汉人统治者能再续宋朝的繁华梦。但相反，朱元璋立即实行海禁，他撤销了所有市舶司，下令严禁民间与外国通商，规定“片板不得入海”。这位皇帝希望外国商人进入中国的唯一通路是朝贡贸易。

海盗对东南沿海的侵袭让统治者更加确定：海洋是祸源，不是机遇。以防范“倭寇”为名，明朝在中国漫长的海岸线上设置了大量军事据点。与此同时，朱元璋大力恢复农业生产，这位农民出身的皇帝要让老百姓明白：种地比做生意重要。

泉州被剥离了海洋贸易的世界，而在这之后，世界本身也彻底变样了。经历了中世纪的宗教革命、启蒙运动，欧洲人开启了航海大发现，通过开辟新航路，贸易路线从一条条单独的线，终于织成一张大网。欧洲替代亚洲，获得海上交通的领先地位。

明廷对此并不关心，比起海外贸易带来巨大财富回报，他们更在意如何“怀柔远人”，贸易仅仅是达成这个政治目标的工具。基于这种考虑，朝廷赏赐给各国使团的礼物，远超后者带来的货物的价值。而朝廷所能承担的贸易规模往往取决于预先能够提供多少赏赐物品，它们几乎全部由官营手工业提供。因此，朝廷对朝贡贸易的规模有严格控制。

然而，与明廷的考虑不同，各大朝贡国的目的不仅是“结交天朝”，他们更看重的是朝贡体系下的商业利益。使团朝贡一次，除了携带朝贡物品，还可以附带其他物品，这部分占到全部物品的 90%。在完成受赏后，他们就可以与中国商人交易。

但问题是，朝贡体制的管理方式让他们处处受限。明廷对进贡的时间频率、使团的人数、商品的范围、商品交易地点等都有细致规定，本来在沿海就能完成货品的交易，现在必须到京师会同馆，并且是与朝廷指定的中国商人交易。

旺盛的贸易需求和严格的条条框框相结合，使得泉州的海上贸易再次“繁盛”，只不过是通过不合法的方式——走私。在明朝建立 35 年后，明廷恢复了广州、泉州和宁波三个市舶司，泉州主要负责大琉球（当时冲绳岛上的国家）的朝贡贸易。此时，中国各地商人已经日益懂得避开禁令，而泉州商人似乎更有动力这么做。相比广州负责来自东南亚、印度洋沿岸各国的朝贡贸易，泉州的业务范围要小得多。而且后来因为福州人在琉球贸易中的地位日益重要，往来船只大多停靠在福州港。

海外市场的增长需求不仅对商人，对地方官

宋廷鼓励番商在泉州城定居，娶妻生子，并且鼓励子女在泉州读书，并且不干涉他们的宗教自由。

泉州海外交通史博物馆的福船建造模型。福船是古代帆船的一种，盛产于福建。在泉州港鼎盛时期航行天下。它的“水密隔舱”可以分类储存货物，配合海上贸易的“以舱代薪”模式；同时，它也确保一旦发生触礁等事故，船舱不至于整体进水而沉没。

© 潘凌

员也形成了巨大的诱惑。地方官因而纵容商人出海贸易，从中收贿，私下向商人征税。这笔税收当然不用上缴，缴了反而成为违反禁令的罪证。

虽然在 1567 年，新登基的隆庆皇帝接受了群臣建议，宣布废除海禁，允许私商贸易，但史称“隆庆开关”的开放其实非常有限。解除海禁后，明廷将漳州月港定为主要通商口岸，沿海商人进出都要在这里办理手续，并且对商船大小、携带货物、往来日程等都有严格限制。因此从万历中后期开始，一度消停的中国东南走私团伙又活跃了起来。他们不只贩卖违禁物品，有时还打劫往来商旅，甚至上岸掠夺。

这时走私贸易在泉州已经失去控制。官员通过非法交易大捞油水，而走私团伙为了避免朝廷的缉捕和海上其他势力的劫夺，还组织起了自己的武装力量，逐渐演变成大型武装集团。当时海商基本不在泉州城内活跃，明廷在那里已经可以通过所建立的铺境制度来实施监控，非法海上贸易很难开展。因此，他们主要在泉州海疆线上的围头湾安海一带活动。泉州港又开始“兴旺”起来了，以统治者并不喜欢的方式。

到了明末，在泉州沿海的大型走私集团势力越来越大，其中源起安海镇的郑芝龙集团，甚至对刚建立的清朝构成了威胁。明末时，朝廷就多次出兵追剿郑芝龙集团未成，最终以任命郑芝龙为“五虎游击将军”收场。那之后，郑芝龙的实力更盛，几乎垄断了中国与海外各国的贸易。清初郑芝龙降清，之后被软禁于京城。

在海上私商和大型武装集团兴起的同时，对于明清的海禁和抑商政策，民间出现了第二种反应——向海外移民。泉州上一次经历大规模的人口移动，还是前朝北方动乱引起的大量汉人迁入泉州。到了明清，大量人口选择离开泉州，也是因为这个时期泉州已经不能提供一个良好的生存环境了。

但是泉州人迁居海外的现象不是到明清时期才有的。早在宋代，就已经有泉州人下南洋，向印度尼西亚、菲律宾、越南等地迁移。宋元时期，朝廷允许商人自由流动——人们可以选择长居海外，或是暂居后重回故里。而到了明初，朝廷不仅实行海禁，也禁止海外移民。这个时期，泉州商民偷偷出海，目的地主要包括菲律宾和日本。

对于明清的海禁和抑商政策，民间出现了第二种反应——向海外移民。

后来，台湾成为泉州人移民的主流地，主要是受郑芝龙和他的儿子郑成功的影响。郑芝龙接受明朝官职时，正值福建饥荒，于是他招募沿海灾区难民数万人前往台湾开垦，还自费配给百姓银两和耕牛。1661 年，郑成功驱逐荷兰殖民者，收复了台湾。

泉州的兴盛受益于早年北方移民的到来，一千多年后，从泉州前往台湾垦荒的汉人，又带去了农耕技术，他们推广牛耕，把甘蔗等经济作物带到台湾，蔗糖业后来成为台湾的支柱产业之一。

第一次鸦片战争后，清政府与英国签订了《南京条约》。除了广州、福州、宁波、上海，帝国主义势力还选择在当时由泉州府管辖的厦门设立通商口岸，而泉州港自身则逐渐被边缘化。

中国从明代开始，主动放弃从海上贸易中获得财富的机会，自此由一个开放的航海大国，逐渐在全球贸易体系中落于下风。纵观上千年的历史，地处中国东南沿海的泉州，有时是偏远的边陲地带，有时是繁盛的贸易中心，盛衰起伏，它只能努力在历史的波涛里寻找自己的位置。

泉州的桥：全球大港的毛细血管

洛阳桥是泉州地区首先出现的大型跨海石梁桥之一，极大地拓展了泉州与浙江等北部地区的交通能力。

text
/
汤一涛

photo
/
黄灿昆

“中国古代桥梁在宋代有一个惊人发展，造了一系列巨大板梁桥，特别是福建省。在中国其他地方或国外任何地方都找不到和它们相比的。”这是英国科学史学家李约瑟对福建古代桥梁的评价。

而泉州当地流传着更进一步的说法：“闽中桥梁甲天下，泉州桥梁甲闽中。”泉州地区是中国石梁桥最多的地区，据地方志书记载，泉州本府及所辖五县，有各时代石桥共计 478 座。

桥梁的兴建总是与当地水路交通的需求有关，背后则是经济发展的需要。泉州的石桥就是泉州港兴起的连锁反应。泉州港兴起于唐，至宋元成为全球大港。相对应地，泉州在两宋年间掀起了建桥热，其中尤以南宋规模最大。在南宋的 152 年间，泉州地区建造了数十座大中型石梁桥，总长度在 50 里以上。

南宋时期，泉州港在北宋已经奠定的贸易中心地位进一步提升。金灭北宋导致政治中心南迁杭州，宋金战争对江浙诸港造成了严重破坏，而免受战火侵扰的泉州则迅速崛起。另外，相比泉州港，广州港距离都城杭州要远得多，按照《宋会要辑稿》中记载，泉州市舶纲运到杭州限三个月，而广州到杭州需六个月。泉州成为连接海洋和南宋内陆的最佳节点。

泉州城原本的内陆交通运输网络无法满足这种需求，这就使得桥梁建设成为重心。一方面，泉州背山面海，境内山峦叠起，水系发达。两宋泉州港与城区的交通路线可分为水、陆两条。水上交通分两条干线，分别是晋江和洛阳江。陆路有三条，一是通往省城和京城的大道，二是经剑州到京城的驿道，三是通往广州的驿道。

泉州的石桥，正是分布在这些水陆相连的要冲之地。例如洛阳桥处于北上福州至京城的官道上，解决了往北的陆路交通问题；顺济桥位于晋江下游、接近入海口处，贯通了泉州和闽南、南粤的交通。

由于这些桥梁大多建在近海或入海处，水面宽阔，桥梁因而造得很长，例如南宋时期建成的安平桥，长约 2500 米，在很长一段时间内都是世界上最长的桥梁。

洛阳桥是泉州地区最早的大型跨海石梁桥，它成为后世泉州造桥者的典范。

© 黄灿昆

建造的高难度在客观上激发了两宋时期桥梁建设的技术创新。以“筏形基础”为例，这是在建设洛阳桥时采用的架梁方法。一座大型石桥往往需要几万块花岗岩作为桥墩石料；做桥板的大石梁也要上千根，每根大约八米长、一米宽，重十余吨。泉州地区盛产花岗岩，拥有充足的建筑材料，但如何运送这些石料成了问题。在建筑洛阳桥时，当时的工匠，利用潮汐涨落时水的浮力，完成了桥梁架设。

这些桥梁的建造，使得泉州港往北可经福州入浙，到达南宋都城临安，再由临安通往长江沿岸各省乃至中西部地区；往南，可经漳州到达南方各省；往西，可通安溪、永春、德化等，后者是瓷器、铁器、茶叶的生产基地。宋元时期中国全球贸易最主要的商品，就通过这张以泉州为中心的细密水陆交通网络，流向全世界。

01
洛阳桥

洛阳桥原名万安桥，因古为万安渡口所在而得名，是中国现存最早的跨海石梁桥。

万安渡口位于泉州东郊的洛阳江入海口，是泉州北上的交通要道。在洛阳桥建成之前，交通往来只能依靠渡船。据《泉州府志》记载，这里“每岁遇飓风大作或水怪为祟，沉舟而死者无算”。因为万安渡凶险，泉州北上福州，一般由城北出，经河市入仙游，一路翻越朋山、白虹山，十分艰难。

泉州名桥

桥名	桥址	修建时间	桥总长	建桥者
洛阳桥	泉州东北洛阳江口	皇祐五年至嘉祐四年(1053—1059)	1123 米	蔡襄
安平桥	安海港海湾上(现安海镇西)	绍兴八年至二十二年(1138—1152)	2530 米	僧祖派、赵令衿
石笋桥	临漳门外跨晋江	绍兴二十年(1150)	220 米	僧文会
普利大通桥	晋江市南四十里	绍兴年间(1131—1162)	374 米	江常
顺济桥	泉州西南跨晋江	嘉安四年(1211)	470 米以上	邹应龙
海岸长桥	晋江市罗山	宋代	2000 米以上	里人与僧人合建
金鸡桥	南安市九日山下	嘉定年间(1208—1224)	310 米以上	僧守静
虎渡桥	漳州东四十里，跨柳营江(九龙江)	嘉熙元年至嘉熙四年(1237—1240)	620 米以上	郡守李韶及里人颜颐仲等捐建

资料来源：根据公开资料整理。

从宋庆历年间起，民间陆续就有人试图在万安渡口修建一座桥梁，但都因难度过大放弃。对民间力量而言，修建一座超长跨海石梁桥的资金、技术和人力都是挑战。

转机发生在嘉祐三年(1058)，北宋名臣蔡襄二度出任泉州郡守，主持修建工作，带头捐款募资，社会各界纷纷响应。在官民双方力量的共同作用下，洛阳桥终于于嘉祐四年(1059)修建完成。

修成后的洛阳桥极大地拓展了古泉州港北向腹地的交通能力。它使得泉州与福州的交通干线改由平坦的惠安、莆田北上，泉州与福州、江浙一带直至全国的商贸活动得以顺利展开。

洛阳桥是泉州地区首先出现的大型跨海石梁桥之一，也为后世的大规模造桥工程提供了经验。安平桥、石笋桥、顺济桥等名桥，都仿照洛阳桥而建。

02
安平桥

安平桥位于晋江市安海镇西畔，是横向连接晋江、南安的一座梁式长桥。因桥长五华里（约合 2500 米），也称五里桥，是中古时代世界上最长的石梁桥。

安平桥的修建有赖于安海港的兴盛。安海港位于晋江、南安水陆要冲，既有曲折深邃的港湾，又有陆路可通泉州内地。南海一路的船舶到泉州往往停靠于此，再将货物转运至泉州内地，是泉州古代海外贸易的主要港口之一。

与此同时，和万安渡类似，在建造桥梁之前，安平港风浪凶险，摆渡过岸十分艰难，货物流通不便。

在贸易需求的驱动下，一座连接晋江和南安的长桥就成了必然。南宋绍兴八年（1138），僧人祖派主持，黄护与僧智渊捐款，在安海港倡建桥梁，但因工程浩大，未能完工。绍兴二十一年（1151），郡守赵令衿到泉州上任，主持续建，又经一年，安平桥终于竣工。

安平桥的重要性不亚于洛阳桥。它的建成，沟通了与南安、同安、漳州乃至广州等地的联运，更多泉州西南线的商船得以往返此间，直达安平桥边码头停靠，并通过大桥把货物运送到泉州各地。

安海由此成了“通天下商船，贾胡与民互市”的重要港口。根据《安海志》记载，全盛时，安海港“直街曲巷，无往非贸易之店肆，约有千余座，盖四方射利者所趋，随处成交”。

03
顺济桥

顺济桥的修建与南宋泉州南扩有关。北宋时泉州城南部以新门、南门、涂门

南宋时期建成的安平桥，长约 2500 米，在很长一段时间内都是世界上最长的桥梁。

为界，市舶司设在界外以便利外商。至南宋时，沿晋江的城市南部一带，已经成为重要的商品交易市场和外商云集的地段。伴随着晋江北岸的自然淤积，泉州城市逐步向南部发展。

顺应当时南部商业发展、交通需求旺盛的情况，南宋泉州郡守邹应龙于1211年主持修建了顺济桥。因为桥北靠近供奉妈祖的顺济宫（天后宫），故得名顺济。

通行的顺济桥连接了泉州城与晋江南岸的广大地区，由此南部往来不必再绕行至晋江上游的石笋桥，泉州通行安海、同安、漳州等地的陆路交通更加便捷。

此外，顺济桥也方便了晋江南岸各港口与泉州城之间的交通。由石湖港至古城可沿12世纪建成的海岸长桥，经顺济桥至泉州南门。位于深沪湾、围头湾的其他港口也可由陆路经顺济桥到达古城。顺济桥的修建，体现了国家口岸的水陆运输网络的进一步完善。

如今的顺济桥早已倒塌，取而代之的是遗址旁边修建于1998年的顺济新桥。历史上顺济桥屡遭损毁，最近的一次发生在2010年，顺济桥受台风“凡亚比”影响再次倒塌，如今仅存部分桥墩、桥面。

text / 汤一涛

photo / 黄灿昆

多元泉州的印记

© 黄灿昆

泉州应该是全中国人均拥有神明数量最多的城市。泉州历史上曾有 6000 多座宫庙，供奉 500 多位神祇。即使在今天，泉州也有宗教活动场所 600 余处，宗教教职人员 2871 名。当代流行范围较广的五大宗教（佛教、道教、伊斯兰教、基督教和天主教），以及众多民间信仰，在泉州都有数目可观的寺观教堂。

泉州的宗教崇拜来源众多，相互杂融，既有闽越本土文化遗风，也与南渡的中原移民和对外海洋贸易有关。

地理上，泉州所在的闽南地区背山面海，偏安东南，远离中原权力中心。每当中原发生战乱，闽南就成了中原民众避难的理想之处，原有地区的信仰也随之进入迁移之地。因此，道教和佛教大约在西晋太康年间，就经由江南和岭南地区传入了泉州。泉州最早的大型庙观元妙观和延福寺，就建于这一时期。

公元 10 世纪至 14 世纪，泉州都是世界海洋贸易网络中最重要的中心之一。外国商人、传教士云集于此，带来了佛教、伊斯兰教、天主教、印度教、摩尼教、犹太教等。

这些由对外贸易带来的宗教中，伊斯兰教是最早传入泉州的。唐武德年间，伊斯兰教传入泉州，至宋元达到鼎盛，不仅留下了唐圣墓、宋清净寺、大量石碑刻文等历史遗存，在今天的陈埭等地依旧生活着众多穆斯林家族后裔。

天主教与基督教分别在唐代与明代先后传入闽南。其传播在中间发生过中断，但随着清末民初中国被迫打开国门，天主教与基督教又通过开办学校、创建医院等慈善活动扩大了影响力。

其余如摩尼教、印度教、犹太教、喇嘛教与日本的净土真宗大谷派等不同宗教流派，在泉州流传范围不广、影响有限，但也留下了许多珍贵的历史遗存。例如晋江市池店镇旧街头济亭壁龛上就嵌有一方湿婆雕像。湿婆是印度教的创造与破坏之神。据传明宣德年间，池店富商李五的儿媳误将其认作观世音菩萨而建亭供奉。

纷繁复杂的宗教信仰留下的印记，如今依然在泉州可寻，它们如今或显赫或沉默，但都存在于一个空间里。

开元寺

开元寺位于泉州子城西门外，占地面积约 8 万平方米，是宋元时期泉州规模最大的佛教寺院。入口山门石柱上悬挂对联“此地古称佛国，满街都是圣人”，出自南宋理学家朱熹。步入寺院中轴，可见东西两侧矗立着两座佛塔，它们是中国现存最高的宋代石塔。

泉南堂

泉南基督教堂（泉南堂）是泉州第一座基督教堂，起源于 1863 年，由在此传教的英国长老会杜嘉德牧师筹建，教会购买了清朝靖海侯施琅的“花山”园林，建造泉南堂。民国期间，泉南堂多次扩建，1938 年遭日军轰炸后重修。2002 年年久失修的旧教堂被拆除，两年后在原址扩建的新教堂投入使用。

Ⓟ 黄灿昆

清净寺

清净寺始建于 1009 年，是国内少有的用花岗岩和辉绿岩建造的礼拜寺，石构门楼、奉天坛等呈现出鲜明的伊斯兰建筑特征。它见证了泉州海洋贸易的繁荣时期，远渡而来的波斯、阿拉伯等地的穆斯林商人聚集于此。起初清净寺位于城外，随着外商族群聚居规模逐渐扩大，城市也向南扩展，寺院便被纳入城中。

草庵

草庵始建于南宋绍兴年间，因为摩尼教（明教）宣扬“否定现实社会，寄希望于未来”的宗教思想，受到官方的压制，不敢在郡城活动，因此选择在离泉州城区 21.3 公里、相对偏僻的华表山建庙。14 世纪，泉州港成为东方第一大港，元朝政府秉持包容的宗教政策，摩尼教得以公开活动，并与佛教、道教等融合。草庵后侧紧邻花岗岩山体，山体上雕刻有一座直径 170 厘米的圆形佛龛，龛内雕刻有一尊半立体浮雕摩尼佛坐像。

文庙

泉州府文庙始建于唐代，北宋太平兴国年间迁至涂门街今址，公元 1137 年重建，形成“左学右庙，庙学合一”的规制布局。西路孔庙的大成殿在清乾隆年间大修，仍保留宋代特点；东路府学的明伦堂重建于明嘉靖年间，在历史上长期作为文人学士聚会、讲学的场所。

通淮关岳庙

通淮关岳庙位于鲤城区涂门街，毗邻清净寺，是泉州香火最为旺盛的宫庙，并远播菲律宾、新加坡、日本等地。通淮关岳庙始建年代不详，原为关帝庙。民国三年，增祀岳飞，改为了关岳庙。庙内现存文物众多，例如庙门外两壁就嵌有石刻两方：左刻宋米芾书诗一首，右刻明董其昌书诗一首；庙内还保存着朱熹题写的“正气”、张瑞图题写的“充塞天地”及近代蔡浚书“鼎汉立宋”等匾额。

天后宫

天后宫初建于 1196 年，以宋徽宗赐额“顺济”为庙名，于康熙年间更名为“天后宫”，是建筑规格最高、年代最早的妈祖庙之一。台湾与东南亚的许多妈祖庙都由此分灵，因此有“温陵天后祖庙”之称。

绝味鸭脖
中山路

Ⓟ 潘凌

© 潘凌

ⓟ 潘凌

ⓟ 潘凌

ⓟ 潘凌

西街是矛盾的、活着的

它变得商业化，充满游客，却也有栩栩生活气

Ⓟ 潘凌

Ⓟ黄灿昆

西街
何以成为
西街

西街，是公认的泉州最古老的街道。

这里早期曾是沙洲岛屿，与陆地隔水相望。直到隋唐，地壳升高，沙岛才与大陆逐渐相连。随着南迁人口不断向出海口聚集，围垦兴筑，泉州古城的位置在这里固定下来。

早在唐朝初建城时，西街就是泉州城“丁”字形轴线之一。以署衙为基准，横纵两轴线相交于前，约在今钟楼所在位置。这里又被称作“双门头”，所谓双门，是指唐代因街坊制度设置的东西二坊门，早晚开关，夜禁通行。从那时起，东西两坊为工商业聚集点，西街就已初步成形。

西街的走向并未严格遵循礼法规则的正南正北，而是呈现西北-东南走向。这一方面是因为泉州地处丘陵，西街被夹在两侧的泉山和龙头山之间，因而遵循古地貌自然成形。另一方面，西街作为海港商业城市的交通古干道，上接西北广阔中原腹地，下连东南一众出海良港，西北-东南走向几乎是一种必然。

宋元时代，泉州海外贸易空前繁荣，发展成“东方第一大港”，街坊制被打破，街巷连通，士农工商混杂聚居，形成了繁华的都市生活。西街作为泉州历史最悠久的“顶十字”建成区，不仅是居民日常生活场所，更是兼有商业和宗教的混合功能区。

自古以来，泉州就有浓厚的多元宗教文化氛围。但对西街来说，开元寺无疑是最核心、最重要的建筑。

text
/
唐慧

photo
/
黄灿昆
潘凌

1 2

ⓟ 潘凌

1 西街是一个居住、商业、宗教混合的街区。如今，它基本延续了明清时期鱼骨状的格局。沿街建筑多以一二层为主，向后逐渐升高。这也延展出不少天台，它们成为如今很受游客欢迎的登高之处。

2 对西街来说，开元寺无疑是最核心、最重要的建筑。

开元寺初名莲花寺，始建于唐垂拱二年（686），在泉州建城前就已经存在。后玄宗“敕天下佛寺皆名开元，遂改今名”。东西双塔矗立其中，一直是泉州最重要的地标和象征。据《晋江县志》记载，西街不仅是设“市”的商业街，更是开元寺每月农历廿六勤佛日赶集的交通要道，因此绝大多数商铺沿街分布排开，往来香客、商人和民众络绎不绝。当时，西街不仅能买到生活用品、奢侈珍宝、鱼、肉、水果、蜜饯*、果酱等海内外各类丰富的食物，还聚集着因佛教慈悲济世的医药商人，秋水轩、丹水堂、鹏山堂、青草堂等远近闻名的药店均开在西街。直到今天，开元寺所在的西街东段仍然是泉州商业最为繁盛之地。

*蜜饯是泉州特产之一，它是以各种果蔬为原料，用糖或蜂蜜腌渍后加工制成的食品。蜜饯对现代人来说司空见惯，但它第一次成为全民食物是在宋代。宋代白砂糖问世，是果脯历史中的大事。当时蔗糖产量增加，人们不再需要昂贵的蜂蜜就能制作口味繁多的蜜饯。它们不仅是泉州百姓餐桌常见之物，也是漫长航行中的维生素补给，更是通过海上丝绸之路远销海外。

佛教对于泉州影响深远。早在公元一世纪时，佛教就已经通过丝绸之路传到中国，并逐渐在这里扎根。五世纪时隋文帝推动了佛教在中国的发展，对宗教书籍、香料、雕像以及其他宗教物品的需求，刺激了中国与东南亚、朝鲜半岛和日本的贸易，促成了马六甲航线的开辟，为泉州融入印度洋贸易圈奠定了良好的基础。唐朝佛教兴盛，捐资兴建寺院庵堂蔚然成风。唐武宗灭佛时，泉州因远离政治中心幸免于难，在宋元鼎盛时期，开元寺有僧侣上千人，被誉为“泉南佛国”。

香火旺盛，资金雄厚，也让开元寺的僧侣们积极参与到泉州事务中。据说，宋代泉州所造石桥中几乎无一座没有僧侣参与。造桥之前，山海阻隔，每年淹溺无数船只和行人，作为民间公认的大善举，造桥可“胜造七级浮屠”。石桥大多雕有佛像，祈求平安，“香火甚严，亦镇压意也”。为了保证海上来往船只交通安全，僧侣们还沿海建造航标塔，姑嫂塔、六胜塔均由宋代僧侣参与建设。

1575 年，西班牙奥斯定会士德·拉达主教访问泉州，其所见所闻后被记录在《中华大帝国史》中。他笔下的明代泉州铺户延续了宋元时代的街巷制，临街设店、物产丰富、市场繁荣，“所有的街道两边有棚，棚下有店，堆集着贵重珍奇的商品，商店以新奇美丽的东西装饰着，使观众为之入迷……街道挤满了人，行驶着单马轻便马车。街道虽和西班牙的一样宽，但还不能容纳这么多的人”。

如今我们所见的西街基本延续了明清时期鱼骨状的格局。西街地势平坦，宽度原为 3 至 6.5 米，沿街建筑多以一二层为主，向后逐渐升高，形成了开敞舒适的商业氛围。店铺进深虽然只有 10 到 25 米，界面长度却达 1600 米，

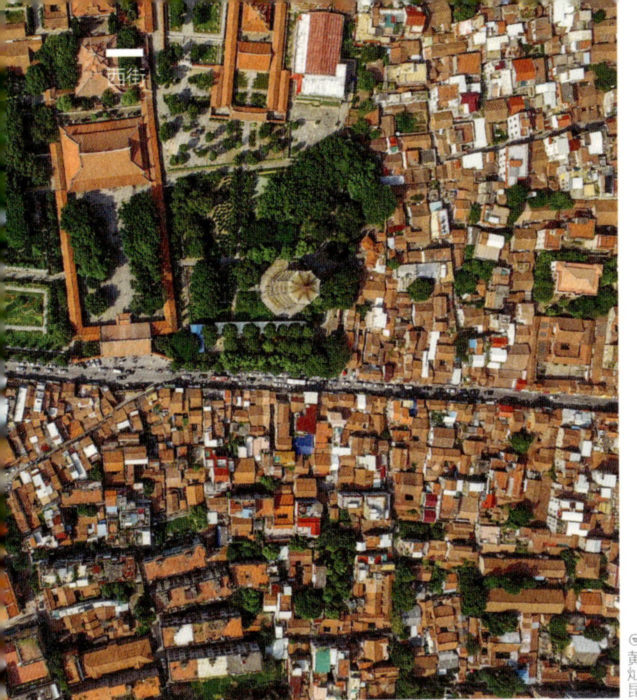

黄灿昆

这让西街获得了最长的连续临街面，最大程度地发挥土地的商业价值。

居民区在西街两侧的腹地中延伸。街巷纵横交错，如棋盘格一般呈明显的井字形，在建筑密度最高的旧馆驿片区，最长的井亭巷也只有 400 米左右；巷道宽度不超过 4 米，最窄的陈厝巷仅有 1.5 米。这样的空间尺度既保证了私密性，又能最大程度地利用土地。

1922 年，民国政府将西街拓宽至 7 米以适应现代要求。当时，现代建筑的概念被引入中国，砖混结构大幅提高了建筑的强度和空间的灵活性。西街后排出现了大量多层建筑，与主街的沿街店铺，共同形成了“渐次升高”的空间层次。

潘凌

居民区在西街两侧的腹地中延伸。街巷纵横交错，一些巷子也逐渐商业化起来。

今天，登上西街的任意一个天台，都可以清晰地看到由双塔、主街和两侧交叠的屋瓦组成的古城空间风貌。作为八方杂居的海港城市，西街的建筑呈现出文化交融的特质，形成了独具特色的手巾寮、古大厝、番仔楼*、石头房等风格多样的传统民居。

以西街为中心的泉州古城被称作“活的博物馆”。古厝番楼静静伫立，古老的街巷沉默地见证了历史更迭和岁月变迁，又在建筑空间的细节中留下了丰厚的、隐秘的线索。名人故居、郡望堂号、巷名来历、铺境神庙……在这里走街串巷，很容易触发时空旅行，带着有心人返回西街曾经的日常生活。

一代又一代人曾在这里生机勃勃地活着。直到今天，故事仍未结束。

*手巾寮是西街民居中沿街巷的主要建筑形式，它是指单开间、大纵深、平面狭长如手巾的住宅，通过天井组织通风、采光和排水，并通过廊道前后进出，是泉州本土商业文化的传统建筑。古大厝是泉州民居中最典型的一类，它受中原儒家文化的影响，平面规整，中轴对称，喜用红砖。面宽一般为三开间和五开间，进深有二、三、五进不等。西街现有古大厝 34 处。番仔楼是民国时期建筑的典型代表，华侨漂洋过海到南洋创业，发家致富后回乡建房，将侨居地建筑形式嫁接于本土建筑，形成了中外融合的独特风格。

text
/
唐慧
程绚

photo
/
潘凌
黄灿昆
刘树奎
傅锦娜
美好生活造物社

© 潘凌

西街之变

毫不夸张地说，西街是每一位到访泉州游客的必去之地。

“东西两座塔，南北一条街”，这句俗语形象地勾勒了泉州古城的基本形态。作为唐初建城时的古干道，西街距今已有上千年历史。古刹开元寺坐落在这里，自 13 世纪以来，东西塔就已经是泉州人的精神地标。

如今，西街已经成为泉州人流量最大的步行街道。游客摩肩接踵，人潮不断，到处是盛装打扮的簪花女孩。沿街各类小吃店、饮品店、特产店、文创店等一个挨着一个，热闹非凡。往两侧小巷深处走去，随处可见电动车，这里依然生活着许多本地人。

随着 2021 年申遗成功，泉州成为福建省甚至全国最受欢迎的旅游城市之一。2024 年五一假期，泉州累计接待了游客 558 万人次，总数量、增速及旅游花费增速均居全省第一。

西街迎来了前所未有的流量，也仿佛将所有人带入一场加速的“时空转换”。而此前，西街已经历了 10 多年的缓慢生长期。

作为唐初建城时的古干道，泉州西街距今已有上千年历史。如今，它已经成为泉州人流量最大的步行街道。

01 年轻人们

在泉州本地人的记忆里，进入 21 世纪后的十几年间，西街的街区肌理与建筑风貌与今天并无太大差异，但商铺业态大不相同。当时的西街是一条充满日常生活气息的街道，本地居民来这里购买家用百货、服装鞋袜、锅碗瓢盆、金纸香线，以及价格亲民的润饼皮*与面线糊*。

以这种“本地性”为圆心，一些喜欢本地文化的年轻人也慢慢在西街区域聚集起来。其中的核心人物之一就是泉州人郑达真。2011 年，这个姑娘盘下了西街的一家咖啡馆，月租 800 元。这里曾是独立电影社的聚集地，是泉州最早的文艺空间之一。接手后，她将其更名为“美好生活小酒馆”，一边卖酒养活自己和团队，一边继续做文化活动。

这也是郑达真创立的公司“美好生活造物社”的第一个店铺。这些店承载着她对美好生活的想象：坐在摇椅上听音乐、喝咖啡，惬意地晒着太阳。

尽管游客常常成为西街的主力客流，但西街仍然服务着周边居民，这些带有生活气息的小店，仍然构筑着西街商业的基础形态。

© 潘凌

*润饼皮：用面粉、清水、过滤后的食用盐制成面泥，从中揉出面团，放入烧热的平底锅，抹出白、薄、弹的润饼皮。面皮烫熟后取下，加入海苔脆、胡萝卜丝、花生脆、白砂糖及各种肉类等材料卷好，即为可直接食用的润饼。馅料亦可根据不同口味有各种变化。

*面线糊：闽南风味小吃，呈糊状，由细面线、地瓜粉制成，可加入海蛎、鱿鱼、大肠、虾仁、猪肝、醋肉（炸肉片）、香菇等多种配料，味道鲜美。当地人多将它当早餐食用，也可以拿它做点心和夜宵。

© 潘凌

© 潘凌

© 潘凌

ⓟ 傅锦娜

ⓟ 傅锦娜

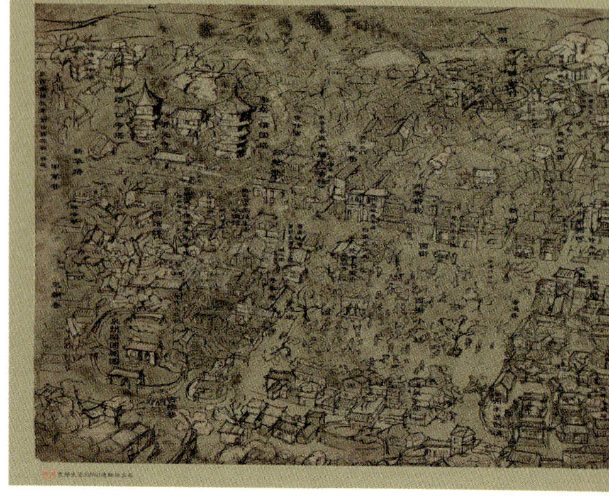

ⓟ 傅锦娜

1—3 只观察亚佛春饼皮隔壁店铺的变迁就能发现，在 21 世纪初那几年，西街上还留存着和如今的西街气质完全不同的小店。

4 郑达真曾在 2013 年和 2016 年做过两版西街文化空间地图，作为人们寻觅各种“点位”的索引。虽然店铺已经发生了不少变化，但从图中 2016 年版本可以看出，一个有空间、有内容的街区似乎开始成形了。

5 开元寺对面，一个不到 20 平方米的芥子书屋一直开到今天，它仍然是很多人喜爱的精神家园之一。

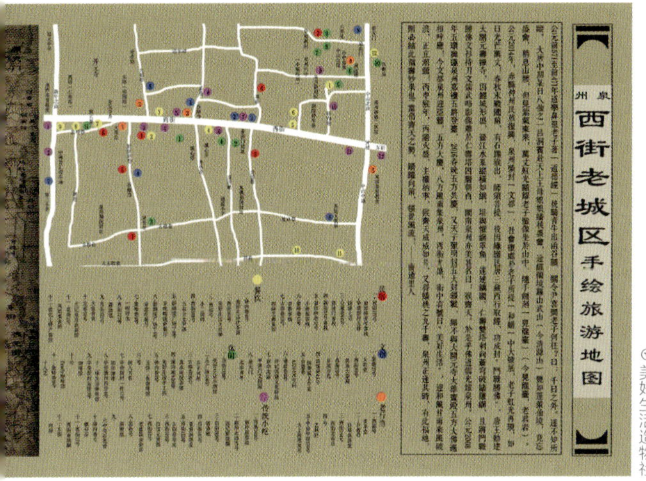

© 美好生活造物社

随后，郑达真又盘下了 187 旧馆驿青年客栈，想要将它发展成一个能吸引背包客的、传播泉州文化的民宿。有了这样一个空间载体后，郑达真的“美好生活造物社”很快聚集了一批青年，国内外背包客慕名而来，交流文化、艺术和旅行。

也有返乡青年想要加入其中一起做事。2013 年，一个叫小草的年轻人到民宿当义工，她与郑达真有同样的志向，在开元寺对面一个不到 20 平方米的空间里开了一家书店，名叫芥子书屋。他们希望这里能像“芥子纳须弥*”一样，用小小的种子延展出更大的世界。

*芥子纳须弥：微小的芥菜种子（芥子）中能容纳巨大的须弥山，比喻小中也有大。

有了同频的伙伴，郑达真在西街不断尝试新的空间形式，陆续入股与人合作开了真水闲院、美好生活沙茶面、美好生活手工坊和美好生活公益图书馆等多家店铺。真水闲院在西街一个不起眼的凹处，一不小心就会错过入口。钻进去，主街的喧闹立刻被屏蔽，在这里喝茶闲谈，如同进入隐居的小世界一般。这些各自独立又相互联系的空间，不断吸引文艺青年们在西街聚集，形成一个松散的精神家园。

2013 年，泉州入选首届“东亚文化之都”，吸引了一批小众旅行客，本土自发的文化活动更加丰富。这一年，郑达真与政府创意办合作，在西街的肃清门广场，策划了第一届“美好生活文化月”。

© 潘凌

郑达真充分运用了之前在泉州做当代艺术展的经验。这个集市不仅有年轻人喜欢的咖啡、文创等，也注重融合本土文化和草根民俗。一些面临倒闭的传统手艺店，做润饼皮的、敲元宵的、炸油条的、卖面线糊的，都被请到集市上现场制作。闽南地区的非遗民俗如火顶公婆、拍胸舞、提线木偶戏等也受邀去表演——以往，他们一般只在婚丧嫁娶时出现。

这场活动聚集了空前的人气，不仅是年轻人和背包客，街坊邻居、老头老太全都出来了。政府也注意到文化创新对于文旅的促进作用。

三年后，郑达真与鲤城区文化体育和旅游局合作策划了第二届“美好生活文化月”，同时举办的还有第一届“润物无声”文创旅游商品设计比赛。这些活动激发了人们对泉州文化的关注，为后来的文创产业和品牌化提供了动力。

当时正值电商冲击线下服装零售业，导致西街有不少店铺空置转租。更多的年轻人来到西街盘下这些铺子，开了不少有意思的店。一种更加轻松、有趣的文化氛围正在这里缓慢生长。

在 2016 年郑达真推出的“西街文化空间地图”上，除了“美好生活”的各个店铺之外，西街自发生长的文化空间已经十分丰富，包括咖啡、民宿、酒吧、茶社、文创、书店、合作社等各种空间业态，且互相之间都有联动。

芥子书屋的主理人彬彬是小草招来的员工，她从 2013 年搬到西街生活。那时的西街还可以坐公交车直达开元寺正门。沿街铺面只有一二层高，人们可以坐在公交车上俯瞰西街街景。街道很窄，三轮车、电瓶车、自行车、过路客，只能聚在一起，贴着公交车穿行。“好神奇，就像迪士尼花车玲娜贝儿出来的感觉。”彬彬说。

02
“申遗”·改造

今天人们所见的泉州古城，基本维持了宋元时期的城市肌理和风水意象。1982 年，泉州入选中国首批历史文化名城。这是一份荣誉，更意味着在城市开发中的诸多限制。20 世纪 90 年代，很多城市进入了大开发时代，泉州也不例外。但由于古城土地资源紧张，泉州便集中精力向东、环泉州湾发展，吸引人们在新城聚集。

Ⓟ 潘凌

西街逐步过渡为常态化的慢行街道，白天禁止机动车通行，但居民的机动车白天也很难入内了。

近 30 年的狂奔之后，中国城市化进程终于慢了下来，进入了反对大拆大建的新阶段，更加注重对历史文化的保护与传承。城市更新逐渐成为主流的建设方式。

另一方面，旅游业也进入了“文旅融合”发展的新阶段。只有当文化资源所在的空间或街区更容易被识别、游览和传播时，才有可能转化为文旅 IP，创造更大的经济效益和社会效益。泉州有丰富的历史文化资源，却一直以轻工业实力雄厚著称，服务业相对较弱。因此，旅游业成为调整产业结构的突破口。

实际上，在 2018 年中央政府调整职能机构，将原文化部、国家旅游局整合组建“文化和旅游部”之前，推动文化事业、文化产业和旅游业的融合发展，已经是许多地方的现实发展方向。据统计，当时全国各个城市已经组建了一百多个文旅集团。

一个更大的背景是，2013 年中央高层提出了“一带一路”倡议，加速了海上丝绸之路的申遗进程。早在 2006 年，泉州就以海上丝绸之路项目成员之一入选了《中国世界文化遗产预备名单》，但直到 2016 年 4 月，国家文物局才发函明确由泉州市牵头，全力

推进海上丝绸之路联合申遗。

直到这时，泉州古城保护与开发的时机终于成熟。在观察了国内外众多遗产保护和古城开发的经验后，泉州市对处理古城事务有了新的共识。面对这样庞大的、丰富的历史文化遗产，泉州政府围绕“联合国世界文化遗产”这个全球知名的超级 IP，开始了一系列改造行动。

2016 年，泉州市政府成立了古城保护发展指挥部，下设办公室（下文简称古城办），协调政策研究、财政、城建、产业、文旅等各方面工作。同年，通过重组国有资产，政府成立了五个国有企业（分别为城建、文旅、金控、交发、水务五家市级国资集团公司）。其中与古城直接相关的，包括负责“地面以上的所有业务”的泉州文化旅游发展集团（下文简称泉州文旅集团），负责看不见的“地下业务”的泉州水务集团，以及负责工程建设的福建省五建建设集团有限公司（下文简称省五建）。

同年五一假期，泉州市政府第一次对西街施行临时交通管制。很快，开元寺的公交站被拆除，西街逐步过渡为常态化的慢行街道，白天禁止机动车通行。这为游客营造了更加安全轻松的旅行氛围，却也为古城居民带来了诸多不便——居民的机动车白天也很难入内了。2017 年 1 月首批“小白公交车”投入运营，收费 2 元/人，在古城范围内以不定线、不定点、招手即停、送客到门的方式，为游客和居民提供短距离的出行服务。但随着游客量增加，这依然没能彻底缓解古城的交通压力。不仅是西街的交通，在后续的保护开发过程中，如何兼顾居民和游客的需求，也是泉州古城面临的最大考验之一。

Ⓟ 潘凌

由于开元寺作为全国重点文物保护单位以及在申请世界文化遗产的重要地位，其周边环境和配套设施需要改善提升。西街作为遗产保护区和缓冲区，其任何开挖或改建方案都需要国家文物局的严格审批，其流程往往长达数年，也不一定成功。因此，古城办对西街片区保护更新的首要策略，是在避免开挖主街的前提下，整治基础设施，改善民生问题。

泉州夏季多雨，每当台风来临，古城内涝就成为最头痛的问题。台风会刮倒年久失修的建筑，墙基泡在水中，带来安全隐患。在古城指挥部建设组副组长王顺福看来，“只要基础设施做好了，古城的更新进度就完成了 70%”。

人们会发现，电线杆消失了。电力、雨水下水道、污水管、隔油池的配置，都收归地下。除主街外，西街两侧的巷子基本完成了地下部分的改造。通过这种方式，主街维持不变，雨水、污水分流至两侧的巷子中。

与很多城市改造项目不同，这一轮的更新没有赶走居民。为了让居民尽量继续留在这里，古城办不拆迁、不动迁，也没有搬走学校和医院。古城办主任林峰毅说，政府的定位就是做好基础设施，在此基础上发展百业百态。在省五建项目经理汪少阳看来，泉州古城保护的初衷无非就是提升居住环境，用“环境带动业态”。这意味古城得是一座活着的古城，人在其中真实地生活着。

负责地上部分的泉州文旅集团自 2017 年 1 月成立后，也开始介入古城空间的规划与改造。在政府的协调下，这家国企接收了大量市区直管公房资产和国有资产，包括老旧厂区、办公楼、住宅、车位等闲置空间。将这类实体空间整合、翻新，改造成官方把控的文化或商业空间。提升资产价值，是泉州文旅集团赢利的方式之一。

除了提升已归属泉州文旅集团的泉州酒店等老牌精品酒店之外，泉州文旅集团一直在开发新的旅游住宿配套设施。位于西街会通巷的行舍（2020 年开业）、位于通政巷 1 号的巷遇酒店（2023 年开业）以及位于三朝巷的元集·朝也民宿（原市林业局招待所

除主街外，西街两侧的巷子基本完成了地下部分的改造。电力、雨水下水、污水管、隔油池的配置，都收归地下。

1 “洲紫新筑”位于西街 116 号一个低调的窄门里（看起来像个私人住户，但不妨推开门进去看看）。政府“以修代租”修缮完成后，将这里作为公益型的艺术空间无偿使用了 6 年，然后归还给屋主。现在，这里被租给了“番时留”咖啡，未来它会成为一个文化、餐饮与市集空间。
2 泉州文旅集团旗下的西街游客中心里，从市集衍生出的“润物无声”文创品牌的产品在游客中心售卖。

旧房，2023 年开业）等均是泉州文旅集团推出的自有酒店品牌。它们每晚价格在 500—1000 元之间，属于精品、轻奢类酒店。完善的地下基础设施和改造过后的街巷道路推动了地上业态的发展，餐厅、民宿、咖啡店向西街两侧腹地的巷子中延伸，各类文化商业空间也越来越多。

老旧厂区陆续被泉州文旅集团开发成规模较大的园区，例如东亚之窗文化创意产业园（原泉州旧机床厂）、刺桐时代村以及工艺美术文化园（原泉州工艺美术厂旧大院）等。在通政巷、金鱼巷、花巷等街巷综合提升项目中，泉州文旅集团用“以修代租”的方式修缮了一批历史建筑，它们成为文化或商业空间散落在古城各处。

“洲紫新筑”位于西街 116 号一个低调的窄门里。房主宋丽华的父亲宋文浦是菲律宾华侨，早年做蔗糖生意发家。1915 年，他在家乡置办房产，历时三年修成这座大厝和一栋番仔楼。2015 年，番仔楼因年久失修部分坍塌，政府“以修代租”修缮完成后，将这里作为公益型的艺术空间无偿使用了 6 年，后归还给宋丽华。现在，这里被租给了“番时留”咖啡，未来它会成为一个文化、餐饮与市集空间。

除了运营实体空间之外，泉州文旅集团也推出了不少软性的文化活动。“润物无声”市集、“美好生活文化月”、“古城徒步”等一系列活动继续在西街举办。有时这两个策略会重叠。2019 年，泉州文旅集团旗下的西街游客中心对外开放，提供咨询、讲解、卫生、文化展览等公共服务。从市集衍生出的“润物无声”文创品牌的产品在游客中心售卖，泉州文旅集团抽取营业额近三成作为柜费。

经过一轮生长之后，政府也拥有了更多民间文化组织合办方，一些有主意的年轻人在西街开出了自己的文创店铺，2019 年出现在西街的“鲤物文创”就是其中显眼的一家。

1
2

潘凌

潘凌

这个品牌的创办者叫黄跃昆，外号“吹神”。他受政府组织的古城徒步活动的启发，开始每月组织徒步活动，据说“刮台风也不能阻挡”。他也在自己的自媒体“泉州府”上持续传播泉州文化，他认为这座城市值得被更多人看到。

三年的活动，让“吹神”积累了一批黏度极高、热爱泉州文化的用户。同时他也意识到，想让这些事活下去，就要把文创产品的消费者族群从文艺青年扩大到更大众的族群。2019 年中秋，他在西街中段盘下一家带中庭的沿街旺铺，一个小小的入口，进去就是他的“鲤物文创”。

还有一些人看到了西街的潜力。2016 年，销售德化陶瓷的精品店佛缘居从清源山的锦绣庄民间艺术园搬到西街，那个园区因经营不善破产清算。当时西街房租每月每平方米不超过 100 元。这家店的老板郭再育回忆说，2018 年、2019 年那会儿，是他在西街最舒服的时候。那时西街有一定的游客量，但又不至于变得喧闹、嘈杂，进店的人有三分之一的下单率。当时那些客人往往年纪偏长，对地域文化感兴趣，客单价能到三五千甚至上万。

2019 年夏天，郭再育和房东续了 4 年租约，他一直看好西街的地段价值。他的太太是德化人，他对自己的产品也很有信心。从历史背景看，德化瓷一直是出口硬通货，是泉州海上丝绸之路的重要商品。“在这么闹的地方没有一家像样的瓷器店，怎么也说不过去。”他说。

此时的西街处在服务本地人和观光客的微妙平衡中。沿街的面线糊、烟杂店、金纸行还能维持生意，女装店的短袖衫 39 元一

©刘树奎

销售德化陶瓷的精品店佛缘居于 2016 年搬至西街，老板郭再育虽然看好西街的地段价值，但也担心走马观花的游客和老顾客们还是有些不同。

件。但隔壁新开的精酿啤酒，门头已经用上了英文标语和明亮的湖蓝色。游客能买到鸡翅包饭和泰式奶茶，旁边一位戴着老式护袖的阿姨骑着三轮车驶过，上面堆满碎布拖把。往巷子深处走去，小小破破的杂货铺里售卖新鲜蔬菜，骑着电动车还能顺手带两盆花回家。

03 西街红了

2021 年 7 月，“泉州：宋元中国的世界海洋商贸中心”获准列入《世界遗产名录》。当年 8 月，泉州市文化广电和旅游局就与携程集团签订了合作协议，想要“做精、做火‘世遗泉州’精品旅游路线”。疫情之后，人们迫切希望走出家门，国内游开始有了生气。线上营销让泉州吸引来的不再是疫情防控期间常见的省内游、本地游，越来越多的外省游客以及喜爱“非遗”“国风”的年轻人对这座城市产生好奇。

另一方面，疫情让“烟火气”和日常生活的重要性得到凸显，City Walk（城市漫步）成为人们探索本地文化的新方式。此时的泉州古城经一系列更新改造，已经成为舒适的慢行交通区，丰富多样的历史遗迹、文化空间、创意店铺、展览集市、非遗体验串联起“悠游西街”“古城世遗”“刺桐史迹”等数条 City Walk 路线。

“簪花”是泉州走入大众视野的另一个重要切口。早在 2008 年，蟳埔女习俗已被列入国家非物质文化遗产，直到2023年1月，赵丽颖等明星的簪花造型相继冲上热搜，吸引大量游客来泉州体验簪花。在小红书，关于“簪花”的笔记超过45万篇。位于晋江入海口的蟳埔村数据显示，做簪花旅拍生意的店铺从个位数增长到240多家，且绝大多数为嗅到商机的外地商家。

这一切，都为泉州走红打好了基础。2023年，疫情结束后的第一个春节，泉州迎来了275.94万游客，同比增长53.8%。泉州游客量暴增。

西街迅速开始了新一轮商业业态演化，2024年，市场上的临街铺面租金已经涨到2016年的八九倍，甚至还有继续上涨的趋势。原本服务居民的店铺逐渐消失，适配暴涨的游客需求，街边不断涌出各类小吃，甚至连长沙臭豆腐、衢州鸭头、手枪鸡腿、片皮鸭、关东煮等外地食物也有了一席之地。在西街靠近钟楼段，沿街店铺几乎全部变成了奶茶饮品店。簪花店数量迅速增加，在象峰巷，不到30米的距离可能挤着四五家簪花店。

这让郭再育失去了让佛缘居留在西街的兴趣，走马观花的游客并不是他的主要客群。他不得不认真考虑新店的地址，既要清净一点，又要有一定客流量维持生意。面对泉州的旅游业，郭再育有一点矛盾，“我们既希望它火，又怕它火过头”。

熬过疫情之后的“吹神”也感觉到西街客流量的大爆发，但他认为西街的所有人都在享受这波红利。在西街，像“鲤物”这样专门售卖文创产品的店铺并不多。其中售价28元和68元的滴水兽是最受欢迎的产品之一，2023年之后差不多卖出了大几万只，一直处在缺货、补货的循环中——疫情防控期间，这个数字可能只有几千。可观的收入成为新产品开发的基础，“吹神”说，他们开发的产品有两百多种。面对流量带来的西街房租上涨，他也在寻找其他机会，“鲤物”的第三家店已经在古城花巷开业。

百年老字号亚佛润饼皮是西街为数不多留下来的老铺。对第三代店主傅国忠来说，因为店铺是自家的房子，所以他没什么租金困扰。忙时做润饼皮，闲时看西街来来往往的人群，已是他习惯的生活状态。

作为闽南饮食文化的一部分，润饼是泉州人清明祭祖时的必备食物。人们会买润饼皮回家，包上自家馅料。但游客增多后，傅国忠的女儿阿瑶推出了润饼菜，尝试吸引游客，却收效一般。对她这样的年轻一辈来说，是否要继续在西街卖润饼，她自己也没有明确的答案。

另一家老铺彩凤元宵店也是自家房产，但因多位产权人意见不统一，便没有将店铺出租出去，选择留下继续经营。他们也为大量游客调整了经营策略，开始面向游客售卖杂货和玩具，元宵的生意还在，但搬进了靠里的位置，只有老客会驾轻就熟地精准购买。

像这样主动转变、适应游客需求的店铺并不多。许多原本服务居民的店铺因承受不住高涨的租金，或因为业态无法适应当下需求而选择搬离西街。有些居民将房子出租，搬到新城生活。芥子书屋的彬彬发现，邻居一家店铺装修不下十次：一开始是酱油店，房东决定出租之后，卖掉了熬酱油的大缸；随后，文艺、复古、火烈鸟、竹筒茶、工业风，各种风格流水一般轮番上阵，房租也涨到快

© 潘凌

© 潘凌

© 潘凌

© 潘凌

1—2 西街迅速开始了新一轮商业业态演化。簪花、饮品店开始增多，市集也成为人们熟悉的城市漫步中的一站。

3 百年老字号亚佛润饼皮是西街为数不多留下来的老铺。对第三代店主傅国忠来说，因为店铺是自家的房子，所以他没什么租金困扰。忙时做润饼皮，闲时看西街来来往往的人群，已是他习惯的生活状态。

4 老铺彩凤元宵店如今开始面向游客售卖杂货和玩具，元宵的生意还在，但搬进了靠里的位置，只有老客会驾轻就熟地精准购买。

5—6 “吹神”在西街中段盘下一家带中庭的沿街旺铺，一个小小的入口，进去就是他的“鲤物文创”。小院里有满墙形态各异的滴水兽展示。

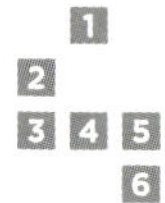

近年五一期间，游客挤爆了泉州

●游客数（单位：万人次）

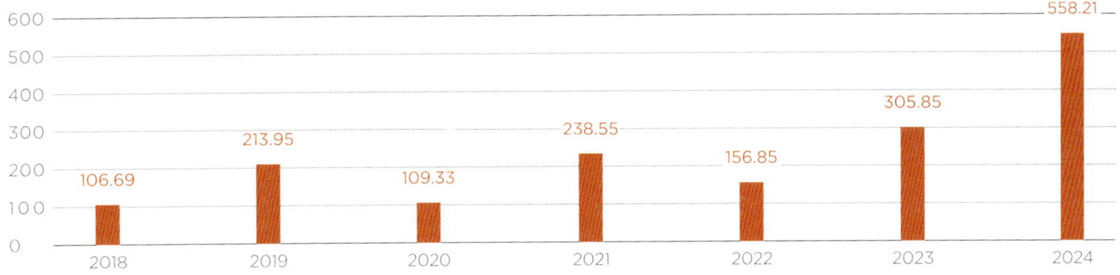

资料来源：根据泉州市文化广电和旅游局公开数据测算。

© 潘凌

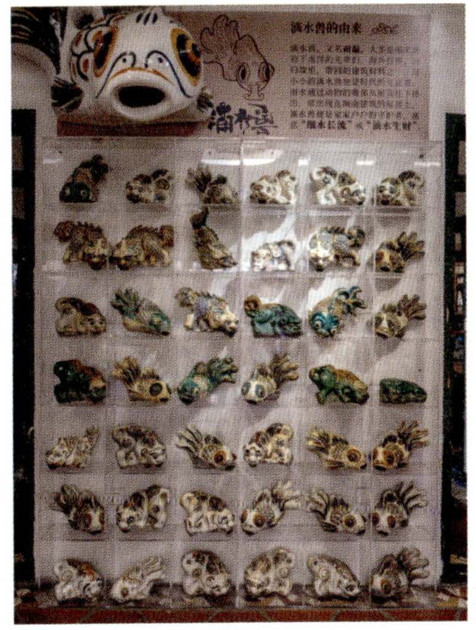
© 潘凌

一万元。

在店铺流转中，也会有想要赚快钱的人。不少人提到了砸热钱的外地资本，“什么火做什么”。当地人说，这群人拿着现金到处出租店面，给房东支付十几万的高昂转让费，挤走原来的交几千块房租的租客。簪花店、汉服店、芋头饼店、文创店，什么赚钱快就做什么，看起来不相干的几家店铺背后，很可能是同一个资本。但这股力量又像是个传说，没人说得上来他们的名字。

作为西街居民，彬彬原来住象峰巷。随着游客增多，基建完善，巷子深处的店铺也渐渐多起来。她发现，每天拖着行李箱路过的人越来越多，躺在房间里能闻到炸酥肉的味道。搬进更深的巷子里后，总算安静一些，楼下却渐渐变成了打卡点，每天早上都有导游导览的声音。早餐店消失了，结账只需要5 秒钟的社区小卖部也消失了，取而代之的是连锁便利店。“簪花店统一了全世界。”彬彬说。

现在，在小红书搜索泉州旅行攻略，有人会吐槽西街过于商业化，和别的古城并无不同。但无论业态如何演化，西街的天台始终是最受欢迎的拍照地之一，它们大多是茶饮、咖啡、精酿或民宿空间，但最重要的评价标准是是否“很出片”。由于古城内建筑物高度受到严格控制（二层限高7米，三层限高10米），登上天台可以远眺整个古城建筑群和东西塔组成的天际线，很多店铺欢迎人们上自家天台去打卡拍照，当然，也加上了“消费点什么”的要求。

等到你终于登高看到从现代建筑中钻出的高耸双塔，这景观仍然让人满意——在社交媒体时代，它们依然是泉州的象征。

04 西段

从开元寺横穿新华北路后，就是西街的西段了。相比东段，西段的发展要迟滞一些，仍然保留了大量日常生活服务业态，像菜市场、早餐店、卤菜店、水产店等，这里似乎仍然映照着泉州爆红之前西街的样貌。一些民宿、餐厅、酒吧、咖啡馆等文化商业空间也会开在这个区域，与热闹的观光客们拉开一些距离。

2015年，泉州人小叶在西街西段开了一家花店，受电商冲击后被迫转型。她发现了簪花的商机，但很快因竞争不过义乌工厂，于是尝试将簪花产品放在线下店里售卖，受到游客欢迎。现在，小叶在西段租了一个临街的店铺，售卖文创产品，销量最高的“簪花娃娃”，价格不超过40元。在她看来，泉州近年吸引的游客年龄层在变低，大多是18到30来岁的年轻人。他们消费能力有限，却刺激了文创产业的发展。

1 在西街西段一个菜市场的三楼，郑达真与泉州文旅集团合作经营7 FUN天台。因为有看得见双塔与建筑风貌的绝佳视野，天台正成为西街一个越来越红火的“打卡符号”。

2 肃清门遗址广场常有附近居民在那里跳广场舞，她们大多在西街生活多年，再也离不开这片熟悉的土地。

© 刘树奎

© 潘凌

小叶发现，簪花店首先在西街东段的巷子里泛滥开来，2024 年开始蔓延到西段。她的邻居，本来卖拜拜用的金纸香烛，后面也改成了服务游客的簪花店，老板是同一个人。

在西段，通过当二手房东赚钱的老杜是个著名人物。2021 年，他看到了西街西段的商机，与房东一个一个交谈，让原租客离开，一口气租下来十几家店铺准备开小酒馆。随后，老杜安排装修队进场统一装修，把一些酒馆先开起来经营着，生意有起色后便开始转让，赚取转让费用。这些酒吧为西段营造了最初的商业氛围。

在西街西段一个菜市场的三楼，郑达真与泉州文旅集团合作经营 7 FUN 天台。他们计划在这里做一个艺术展览空间。过往的经验让她相信，文化可以缓慢生长。但巨大的流量也让她感受到房租的压力。以前，郑达真可以专注于活动策划，空间业态只是一个载体。现在，她必须考虑这个空间本身如何存续，是否要推 个引流的新产品。她已经为这些变化做出了改变：房租上涨后，她关闭了美好生活手工坊和公益图书馆。

夜幕降临。西街的人流丝毫未减。

古老的肃清门遗址*迎来了一群广场舞阿姨，她们大多在西街生活多年，不愿离开，甚至享受人声鼎沸的热闹场面。在更深的夜晚，西街会短暂恢复机动车通行，直到清晨人流再次涌入。古老街道不停歇地上演着现代戏剧，有人抓紧时间上下卸货，有连夜作业的市政清洁车，还有人摆摊、算命以及直播。

“半城烟火半城仙”，一直是泉州人引以为豪的古城注解。曾经发达的海洋贸易为泉州留下了“半城仙”，纷至沓来的游客，是泉州文旅产业默默蓄力许久的结果。古城开发改善了居民们的生活配套设施，但面对这场加速的“时空转换”，更多本地生活店铺还是被迫搬到了离游客更远的地方。

西街的确是一座活着的古城，只是这“半城烟火”已经不再仅仅属于居民。

*肃清门遗址广场一直是“润物无声”集市和各类文化展览所在地，也是西街最重要的公共空间之一。这里原是西街菜市场所在地，服务古城居民超过半个世纪，但因建筑过于老旧，2008 年，菜市场搬迁至今西街西段泉南堂对面。肃清门被改造成文化广场，配备了硬化地面、大理石桌椅、夜灯和绿植。据泉州市文旅局负责文物保护的李子壹介绍，在地下管网改造结束后，需要摸清包括肃清门在内的西街地下文物遗存现状和历代破坏情况。由于法规的严格限制，文旅局并不打算做主动性的考古挖掘，而是计划用洛阳铲，分析夯土、城墙和城门地层即可，尽量不去干扰，保持文物在地下的原生状态。目前，考虑到巨量游客，考古调查勘探还未提上日程。

© 刘树奎

MAKE
A F-AKE
ZAYTON BLUES
文化艺术周末
2024.6.22 15:00
ZAYTON BLUES
2024.6.22

©潘凌

门口
违者
明司机 文明

Ⓟ 潘凌

买啤酒

五位本地领路人

用艺术、文化和好奇心

让这座城 变得永远不无聊

Ⓟ 潘凌

在泉州，成为本地人

小城最怕无处可逛，
但在泉州没这回事。
和那些让年轻人困扰于去留的地方不同，
泉州拴住了游子的心，
也接纳着外乡人定居下来。
这些泉州本地人，
挖掘并展现着多元化的今日泉州。

蔡国强的“泉州符号”

text
/
顾笑吟

photo
/
Stefan Ruiz

2024 年 12 月 8 日，泉州北乌礁海湾上空驶来了一艘“大帆船”。它由两千架无人机烟花组成，阴天里船变换着颜色，最后向地平线悠悠远去。

这是蔡国强所做的白天烟花《红帆：为蔡国强当代艺术中心启动仪式所作爆破计划》的第一幕，表达的是归乡与远行。以蔡国强当代艺术中心奠基和启动仪式的名义，蔡国强已经连续两年在自己生日这天回到泉州完成一系列爆破作品。

成长于泉州，蔡国强的艺术创作常常融合了个人记忆与泉州的历史文化。在去年于泉州湾呈现的烟花秀《海市蜃楼》中，他就选择以泉州开元寺东西双塔为开篇。对儿时的蔡国强来说，东西双塔是泉州古城唯一的高楼，也是他对于“迷信”的最初认知。他曾听说，宋代时有阵子泉州发展得不太好，就找了风水师来看，原来泉州古城形似鲤鱼，而据此百里的永春桃城却像张大渔网，兜头将鲤鱼盖住。于是主政者想出修建两个冲天的高塔，好把网捅破，放出鲤鱼。

这不是蔡国强第一次将家乡的东西双塔融入自己的作品，2013 年他在上海创作《故乡》时，东西双塔就是作品的主体意象。甚至在后一年北京举行 APEC 会议时，在国家盛典的最后，蔡国强还把东西双塔通过焰火表演呈现在各国领导人面前。他把这个操作称之为“开小差”，但同时又觉得很温馨。

家乡，是蔡国强的标尺。他对东西南北的概念以泉州城的方位为标准。站在世界的任何一个城市，钟楼是基点，左边是东街，右边是西街，前面是中山中

2014 年 8 月 8 日，上海黄浦江上空绽放烟花，这是蔡国强的烟花表演《无题：为“蔡国强：九级浪”开幕所作的白天焰火项目》。

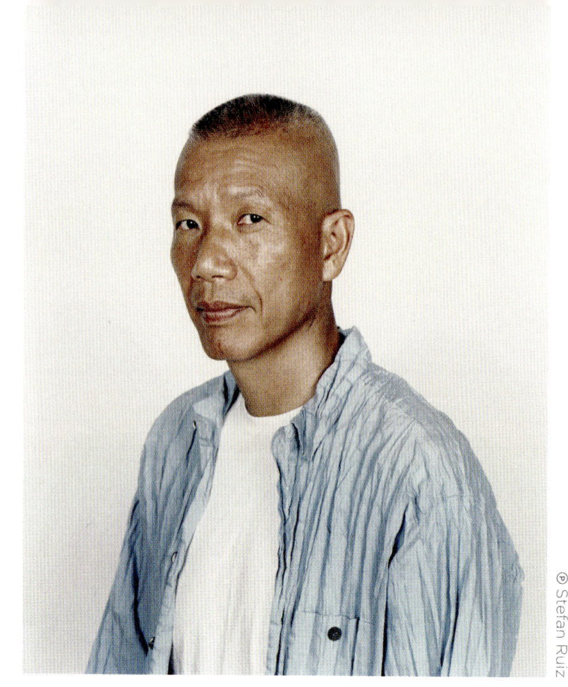

© Stefan Ruiz

在过往 30 多年里，蔡国强已经在世界各地完成了无数瞩目的爆破项目，而这一切的开始，是那个在老家的院子里玩鞭炮的小男孩。

12 月 8 日是蔡国强的生日。2023 年、2024 年这两年，他都选择在这一天回到家乡举办烟花与无人机表演。尽管 2024 年 12 月 8 日傍晚天气并不理想，蔡国强却说："泉州人爱拼敢赢，就让我们与自然共同创作吧！"

路，背后是北边的清源山。他的老家在东边，“济阳衍派”是这个蔡氏家族的郡望堂号。

不过，相比在世界范围内长期广泛的艺术实践，蔡国强在泉州完成的艺术项目很少。除了 2023 年、2024 年为其当代艺术中心所做的爆破项目，最为大众所知的就是他在泉州渔村创作的爆破计划《天梯》。

2015 年，在技术专家和当地村民的帮助下，蔡国强在泉州惠屿岛从地面刀起一条长梯，借着热气球的力量，焰火自下一节节爬升至 500 米的高空。尽管这一高度极大地增加了执行的难度，但蔡国强坚持不妥协，因为他自小就相信，500 米是可以伸到云彩里的——用梯子可以把地球和宇宙连接起来。

很长时间里，宇宙是蔡国强艺术的核心主题。职业早期，蔡国强在日本就开

始创作“为外星人作的计划”系列，通过一场场大规模的爆破活动，表现人类向宇宙外星人发出讯号、想要对话的愿望。他还常以外星人的视角来看地球，觉得从一个国度到另一个国度，虽然语言可能不通、文化差异也大，但从宇宙的角度来看，那就是在一个小村庄里走门串户。

因此 20 世纪 90 年代时，当蔡国强发现拿着中国护照在全世界活动很困难，他就想到外星人的大脚印能不能无视国界，方便地出入各个国家。这个创意在两个国家都没做成，最终在北京夏季奥运会上实现了。

蔡国强的宇宙不只是太阳系、银河系这些科学概念，还包含了风水、气势、生肖等玄学，他始终强调自己的作品是在用可见的表现不可见的世界。《天梯》和《大脚印》都是看不见的世界的表达。他选择相信有一个看不见的世界，而家乡是这个世界的起点。

古时中外商船航行于浩瀚的海洋上，每遇海难，商客和水手们唯一的精神寄托是乞求海神的护佑，人们依靠对超自然力的信仰增强征服海洋的信心。泉州位于闽南文化的核心区域，岁时节庆、生命礼俗都系统性地承袭古训，并养成了多神崇拜的传统。在这个城市，不少小朋友只要会站立就会拜拜。

蔡国强也在意神秘世界的力量。在每个国家做项目前，他都会去附近的寺庙或教堂礼拜祈祷，也会在每次坐飞机远行前磕头烧香。他常年不吃鸡肉，因为奶奶说他属鸡，最好不吃鸡肉。

泉州同样让他与火药邂逅——这是他主要的艺术创作媒介之一。泉州人喜欢放鞭炮，每一个重大场合都离不开烟花爆竹，婚丧喜庆、节日乔迁，只要听到鞭炮声，就宣告着事件的发生。

1984 年，蔡国强在泉州开始尝试用火药作画，最初他会剥开鞭炮，取出火药，但这样做费时又费钱，后来干脆跑到鞭炮厂买来整袋火药。长途客车上大家都在抽烟，蔡国强紧张极了，他把几公斤火药紧紧抱在胸前。回来后，他把火药按自己的想法撒在画布上，然后点火看看最后会留下什么样的图案。

2017 年 9 月 14 日，蔡国强公共艺术装置《萤火虫》在宾夕法尼亚州费城开幕。为了庆祝费城本杰明·富兰克林公园大道建成一百周年，蔡国强还组建了一支三轮车车队，车上挂着 900 个在泉州当地制作的纸灯笼。蔡国强说，他将童年的梦想变为了现实。

火药的不易控制和偶然性，让蔡国强获得自由创造的乐趣——是火药解放了他失控的一面。后来他将平面绘画延伸到三维，以天空为画布，用火药在室外作大型的爆破。每个作品都在短暂时间内完成，结果是不确定的，跟当时的天气、环境、艺术家的思考、心境都有关。2024 年《红帆》中的第二幕就遭遇了百台无人机的意外掉落而没能实现。

蔡国强通过不易抓住的爆破瞬间，试图表现的是永恒和无限。1995 年蔡国强举家移居纽约后，他开始关注更现实的政治社会，并以此为主题创作。但作品里的灵性总是跟文化里的根相连接，把创作放在无限的历史里借力，如同年轻时对自然力量和偶然性的借力使力。《有蘑菇云的世纪：为二十世纪做的计划》《草船借箭》《撞墙》都是其中的经典作品。

回到泉州湾边，蔡国强当代艺术中心将于 2026 年建成。在动工前，人们就对它有种种质疑：选址太偏远、建筑设计感觉跟泉州不搭、真的会关注泉州当地文化吗？蔡国强不急于回应这些质疑，他要先卖个关子，让家乡的人们慢慢期待。◆

郑达真：“西街一姐”诞生之前

text
/
程绚

photo
/
潘凌
美好生活造物社

Ⓟ潘凌

在人头攒动的西街，只有跟着地图才能找到真水闲院的大门。这是家茶馆，藏在巷子里，也是一处隔绝外界的世外桃源。

不同于西街的游客热，茶馆里聚集了一帮本地文艺青年：唱梨园戏的艺术家、书店老板、热爱文化艺术的上班族们。一个普通周六的晚上 11 点，这里坐满了人，他们正在聊明天由芥子书屋发起的菜市场艺术活动。

在西街上，真水闲院、芥子书屋、187 旧馆驿青年客栈、美好生活小酒馆等 6 家不同业态的店，都属于一个叫美好生活造物社的组织。从 2010 年成立到现在，美好生活造物社聚集了许多有想法的年轻人，这背后都离不开它的创始人：郑达真。

郑达真是地道的泉州人，从厦门大学油画系毕业后，她回到老家的一所医学院做起了辅导员，一做就是 4 年。4 年间，她心里关于艺术的火苗从未熄灭，甚至曾北上寻找机会——北京 798 艺术区的模式给了她一些启发，也让她开始思考在泉州开辟这样的艺术土壤。

2009 年起，郑达真冲进了“创业”这个旋涡。她分别受老师和朋友邀请，在泉州当地经营过两家艺术文化空间，将展览和沙龙、酒吧、咖啡店等业态结合起来。这两次尝试因为无法盈利、房东收回用地等告终。

当她觉得走投无路之际，碰上朋友转让西街的咖啡店——当时的西街，还只是一条老城区居民买便宜日用品的落魄街道。郑达真不再尝试靠艺术活下去，而是开出了“美好生活小酒馆”，这也是美好生活造物社的起点。这样一来，她不仅能在酒馆里持续运营艺术文化活动，还可以靠卖酒养活自己和团队。

2011 年，为了吸引更多志同道合的人，郑达真盘下了第二家店——187 旧馆驿青年客栈。这是一家国际青年客栈，也是许多年轻背包客、返乡者认识

1 茶馆“真水闲院”和 187 旧馆驿青年客栈坐落在西街主街旁的小巷子里，初到这里的人很难想象，穿过小径，会有这么一片别有洞天的院子。

2 见客上茶是泉州人的习惯，郑达真经常在真水闲院会客，她的茶室里有一整面收集茶器的装饰墙。如果你不想喝茶，他们也提供咖啡、酒水。

3 客栈营业至今已有 14 年，无数过往的背包客曾在这幢老宅里遇到新朋友、开启对话、留下合影。

Ⓟ 潘凌

Ⓟ 潘凌

Ⓟ 潘凌

泉州的窗口。“那时候泉州根本没有发展文旅。我们都是自己在做，靠《孤独星球》旅行书、豆瓣、Airbnb 让大家看到我们。”他们制作了好几张泉州地图，团队也迅速壮大。

在早期，美好生活造物社无法负担太多成本，郑达真通过招募志愿者的形式找同伴。“美好生活公益图书馆”的案例中，团队负担房租和基础人工成本，在西街开辟阅读公共空间——你只要向空间捐赠一本书，就能成为会员，每个人每月限定借阅一本。

“图书馆是 2014 年开始的，它很小，但是发挥的作用特别大。”郑达真回忆，图书馆开放不久，就有了上百人的微信群，她能从中召集人们来协办和参与各种活动。有些人有开店的点子，郑达真就鼓励他们成为空间主理人。

如今，美好生活造物社已经成为泉州知名的文化策划公司。他们不但拥有多间店铺，还和政府、品牌合作策划各类艺术文化活动，开发文创产品，用创新的方式传播着泉州传统文化。

泉州的语境下，“文青”其实指的是那些有想法的年轻人。

Q = 未来预想图（Dream Labo）
Z = 郑达真

Q：为什么想要回家乡“做点事”？

Z：以前的泉州是留不住年轻人的。大学时候我一心想出去见世面，因为泉州的闽南传统文化让我觉得束缚感太强。在专业上面，泉州又一向以传统美术为主，所以我总认为外面才有艺术创作的土壤。

但当我去到北京，看到年轻人聚集在一起创作的景象时，我就在想：为什么泉州不能有这样的艺术氛围，留住更多的年轻人呢？这激发了我回家乡开拓的欲望，我想自己去创造这个土壤。挖掘泉州的传统文化，融合青年艺术家的创作，我觉得这是一个非常有趣的课题。

© 美好生活造物社

1 2013 年，郑达真团队策划的第一届“美好生活文化周”七番市集的“火鼎公婆”舞蹈表演。这种表演形式源于泉州民间迎神赛会中的“火鼎踩路”，有“烧去千灾，迎来百福”之意，在泉州地区迎神赛会、婚丧喜庆中颇为常见。

2 提线木偶艺术家洪金雕在2016年的第二届“美好生活文化艺术月”七番市集上表演。

Q: 你怎么理解泉州的“当代艺术”？

Z: 当代艺术并不一定需要是先锋的、让人看不懂的。我觉得还是要从本土出发，挖掘本地有底蕴的传统文化，用一种比较先锋的当代艺术手法去诠释。

泉州是一座保守的城市，很多民俗文化存在着不可触犯的底线。所以做传统文化和当代艺术融合这件事本身就很微妙，做不好就变成了一种对抗。我在做“美好生活文化月”的时候，把拖拉机做成舞台，通过在市集上呈现敲元宵、卖面线糊等传统手艺，和火鼎公婆、拍胸舞等非遗表演，让当代艺术跟民间发生碰撞，反而能让更多当地人看到和接受。

Q: 你们是怎么一步一步建立美好生活造物社整个生态的？你的角色是什么？

Z: 其实没有一个具体的计划，好像一切都是被推着走。从 2011 年开 187 旧馆驿青年客栈开始，就不断有人想要加入团队来一起做点事。我的兴趣爱好也颇广，觉得很多方向都可以推进。所以我就作为一名推动者，推动了这些想要做事的伙伴成为店铺主理人，把一家又一家店开起来了。同时，我也会投资一部分店铺，或者参与策划店铺的品牌，赋予每家店独属于它的品牌故事，和伙伴一起开发店里的产品、做品牌推广等。

© 美好生活造物社

Q: 美好生活造物社对你来说意味着什么？

Z: 2010 年我们的“乌托邦”——M9 当代艺术工厂被拆，就有朋友提议“美好生活”这个概念。那时候我认为的美好生活，就是可以很惬意地坐在摇椅上听音乐、喝咖啡、晒太阳。但到了西街之后，我们吸引了越来越多同频的人。我意识到，美好生活好像不单单只代表我个人，我还可以带动大家一起来实现美好生活这个愿望。

text / 程绚

photo / 潘凌

阿梅：
从地方游向世界的闽南土著

在古厝鳞次栉比、机车穿行的承天巷深处有一栋三层小民居，现代空间里处处藏着闽南风情的装饰，这便是赤子空间&巴浪鱼咖啡馆。从 2015 年开业到现在，这里已经从最初的服装买手店，逐渐变成了集服饰、咖啡、书籍、展览、老式理发于一体的复合空间。

空间的主理人是一对夫妻——阿梅和亚三。阿梅主要管理一层的赤子空间，亚三则负责二层的巴浪鱼咖啡馆。他们往泉州引进了瑞士文化基金会的读书会、单读出版物展览等活动，也积极地将泉州本土的文化通过更现代的方式传播出去。通过 9 年的经营，这里成了泉州对外交流的文化地标，一到节假日就会有大批年轻人聚集在此。

阿梅开玩笑说自己是“闽南三地通”。她出生在三面环海的漳州古雷半岛，家里从事海洋养殖业，因为半岛要建成化工基地，一家人被迫离开海边，她选择到厦门工作，后来又随亚三来到泉州。阿梅初到泉州时很受触动：这里不仅充满了市井生活的烟火气，还有保存完好的老建筑和闽南传统文化。她用社交媒体记录这一切。

“我可能比泉州人要更爱泉州。因为我失去过自己的那个半岛小镇。所以当我看到泉州很多东西，我可能就会更加敏感、更加有感受力。”阿梅说。

2018 年，赤子空间&巴浪鱼咖啡馆共同发起了探索泉州海洋文化和城市精神的项目“Zayton Blues”，随之开启了“巡江记”“在地行走”“社区里的宗教博物馆”“渔女像”等一系列在地文化行动，也举办了泉州首个文化艺术周末，邀请了深圳、厦门、泉州三地的文化艺术人士共同参与。阿梅也前往广州、深圳、宁波、武汉、东京、伦敦等地举办展览、交流会，积极对外传播闽南文化。

搭起地方与世界的桥梁，游向广阔海洋的彼岸，一直都是阿梅想做的事情。但这位并不生于泉州的“外交使者”，也在遭受此地保守传统的挑战。

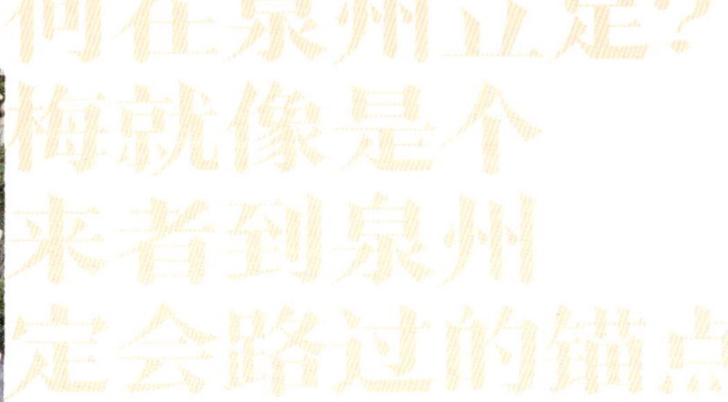

2024 年 6 月 22 日，由鲤城文投主办、赤子空间 & 巴浪鱼咖啡馆共同承办的“Zayton Blues 文化艺术周末第二篇章·水纹波动”开幕。小店门口聚集了一大批年轻人，参加文学分享会、插画展、肖像画摊、音乐演出等系列活动。

Q: 是什么契机让你开始探索自己和闽南这片土地的关系的?

M: 我从小在海边长大，家里二楼就能看到大海。我们家做海产养殖，每到寒暑假我都要去帮家里干活，所以我对土地、对海洋的情感链接是很深的。在我快要步入社会的时候，古雷半岛即将变成化工基地。那时候我就觉得自己要失去家乡了。之后我们被迫从海边的房子搬到看不见海的高楼里，这对我来说是一个非常剧烈的冲击。

Q: 你想传播的海洋文化具体指什么? 通过什么形式传播?

M: 闽南地区沿海，是一个向海而生的文化地带。无论是"宋元时期的世界海洋商贸中心"还是近现代"下南洋"的故事，都是海洋带给人类和这片土地的。我们把巴浪鱼咖啡馆做成了一个有海洋基因的品牌：咖啡馆的部分桌子是由船木构成的，墙上也挂着渔女的照片。

"巡江记"项目是赤子空间 & 巴浪鱼咖啡馆于 2019 年发起的，我们从泉州晋江的江海交界处出发，开始探索城市文化变迁的遗迹和独特海港文化下闽南人生活的景象。

Q: 如何在泉州面对"外地人"这个身份?

M: 我是土生土长的闽南人（漳州人），来泉州已经第十年了。当别人想要攻击你的时候，往往会先攻击你的地域和身份。这也让我意识到这个空间对我来说是多么重要。受争议，说明更多人关注到了你，所以这也让我更专注做好自己的事，让空间自然地筛选客人。从赤子空间成立的第一年，我们就开始和社区互动，巴浪鱼咖啡馆的特调"油条阿芙佳朵"就是我们与邻居油条店的一次共创。今年店庆，邻居阿姨组织的"成蹊合唱团"来我们巷子里唱歌。这些还不够，未来我还是需要更多地跟大家走动走动。

Q = 未来预想图（Dream Labo）

M = 阿梅

Q: 为什么一直在探索地方和国际的交流?

M: 我们常说，"地方要有世界，世界要有地方"。如果地方的人没

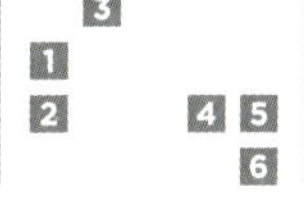

1—3 阿梅主要管理一层的“赤子空间”，这里像一个书店，但兼具零售和展览功能。门口摆放着一套老式理发桌椅，可以预约师傅上门服务。你会撞见过去的记忆——阿梅和团队在 2016 年“渔女像”项目里拍摄的惠安阿嬷，正在对镜梳妆。
4—6 巴浪鱼咖啡馆位于空间二楼。在福建，“巴浪鱼”是种闽南非常常见的鱼，阿梅和亚三想借此表达“俗而有力”的寓意。这家咖啡馆在配方中融入了泉州老城的油条、漳州的荔枝等本地食物，开窗可见民居的屋檐。

有向外的广阔视野，就如同井底之蛙。我们整个家族都比较开放，爷爷在半岛小镇的轮船运输公司上班，伯父是船长，他们会跟着轮船去到香港、广东等不同的地方。我记得他们带回了村里的第一台录像机和黑白电视机，所以我家可能会比其他村民更早接触到广阔的世界。不仅如此，我小时候也会偶尔跟着爸爸出海。每次出海，我都能在海中央感受海洋带给人的开阔感。

另一方面，我觉得在海外的中国人也需要来自家乡的东西。我们希望让东西方文化产生更多碰撞，让海外华人通过文化交流在多变的世界中更好地扎根、立足。2024 年，我们把展览《海丝回响·石头记》带去伦敦时，遇到了一些泉州人。展览勾起了他们对童年、对故乡的回忆，也让我感受到了情感的连接和文化的回响。

Q：福建是个传统观念浓厚的地区，我们仍然听说有人认为“女性应该更主内”，你会怎么回答这些质疑？

M：我一直在按照自己的方式生活，也许是因为家里出现的几位女性深深地影响了我。小时候爷爷请来了一位“师傅”，师傅的老婆是一位剃着寸头的时髦女性，这对当时的我来说冲击很大，也构建了我对女性形象多元化的认知。我姑婆是一位很坚韧的女性，她为了反抗被安排的婚姻下南洋，印尼排华时又独自带着孩子去了美国，最后落脚在台中。还有我母亲，她因为不识字吃过亏，所以我姐和我才有了受教育的机会。从小我姐就跟我说要自己赚钱实现女性独立，拥有更多的选择权。我们虽然不能立刻改变女性的现状，但我们至少在行动。

相较于亚三来说，我比较爱表达，也会有朋友让我学习更多地站在丈夫身后。但那不是我。我是个在创造的人，创造是不分男女的，我的店就是我的作品，所以这些言论对我来说不是特别大的问题。

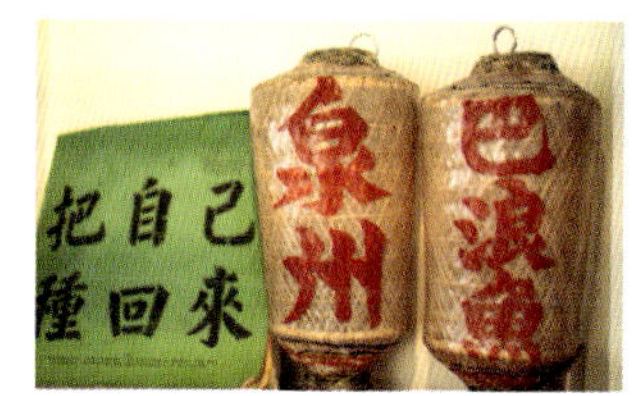

泉州老李：在古城寻找“我是谁”

text / 顾笑吟

photo / 刘树奎

讲解通常是一项重复性很高的工作。一样的地点，不变的解说词，不同的只有听众。久居泉州的导览员李以健却说，讲解内容基本只占到他所了解的泉州的 1%。

人们可能更熟悉他的另一个名字——泉州老李。在 2022 年的一场演讲上，他自诩为“泉州最贵的古城讲解员”，每个月只会空出 6.5 天用于讲解，其余工作时间几乎都花在读书和踏勘上。泉州有 945 个市级文物保护单位，2016 年至 2019 年间，他已经走过 869 个，拍摄了 10 多万张照片。直到现在，他每周都会出去“扫”村庄，用实地调查帮助他补充和验证书本上的信息。

李以健曾经是个音乐杂志编辑，现在还是个音乐制作人。在音乐的世界里，他总是隐在幕后，把自己定位在一个辅助者的位置。在讲解这个工作上，他的定位也是如此。他有许多坚持：不说太多传说故事，而是分析当时的历史背景；始终寻找泉州在中华文化中的位置；吸引人们在泉州找到和自己家乡的连接。

李以健归纳出了一套历史研究的实践方法：以泉州为起点，理解中国、家族与自我。

一些家长会带孩子特地来拜访他。但李以健说，知识取之不尽，他会教给人们链接城市和文化的方式。每一趟“寻根之旅”，最终都指向不同目的地。泉州老李只是与你同路、搭把手的那个人而已。

历史已经逝去，但它留下的痕迹仍然鲜活存在于这个城市里。泉州登上《世界遗产名录》后，更多人选择到访打卡。李以健说，老城因此发生了种种变化。原本只开早午市的罗记面线糊犹豫过要不要全天营业，以前不对外的许邦光故居已经开出了茶馆。

这两年来，李以健推出了播客节目《来去泉州》，还签约过知识平台《大咖说》，依然做着介绍泉州的老本行。这些新尝试引来了一群爱听他“唠叨历史”的年轻人。其中有些人，听了播客还不过瘾，会特地走进李以健那间藏在老城深巷里的工作室“一茶书房”。

我们也成了李以健工作室的访客。他总是在叙述过去，而我们打算跟他聊聊当下和未来。

1 李以健不外出的时候，就待在一茶书房。这里被他定位为“泉州第一站”，每周举办读书会，以罗振宇的《文明之旅》为引子，从公元 1000 年开始，李以健会依年份给来访者讲这一年跟泉州有关的故事，目前故事已经走到 1025 年。

2—4 一茶书房中萦绕着文人墨客的隐居闲趣，养着草木、金鱼和小鸟。当然，少不得茶和瓷器。闽南语中，“来去”就是“去”的意思，“来”是虚指，没有实际意义，所以，李以健的播客名可直译为“到泉州去”。

Q：你希望给大家的是方法，而不是现场的那点知识，怎么理解？

L：我举个例子，泉州是海上丝绸之路重要的一个节点，但是我也会跟大家强调，不要刻意说我们（泉州）是海上丝绸之路的"起点"，事实上，当时除了泉州，还有两大贸易港口：广州、宁波，泉州只是在历史长河中那个时间节点共同起到重要作用的城市之一，我们（泉州人）不需要特别地突出自己。我不想硬塞一个概念，而是会把前后原因告诉大家，并且我也希望建立一种连接感，就比如你来自广州，他来自宁波，在这个过程中，大家会进入一种共同体的感觉。

Q：如何激发这种连接感？

L：在北方，一找不到"根"，二找不到"神"，而这些都是在泉州的人们可以连接到的。举个例子，古代每一次北方大乱，一定会有很多的衣冠士族往南方走，而泉州以自己独特的生态把很多东西给留下来了，比如说郡望堂号。郡望堂号除了标榜自己是世家大族，也方便同姓家族的人迁来泉州后相认和照应，我们说"五百年前是一家"是以这样的方式连接起来的。

现在我们可能背不出祖宗十八代，但是同姓见面三分亲。比如，姓陈的颍川衍派，泉州城里有 18 户人家门口有"颍川衍派"的字样，你可以去跟自己同姓氏的族人见个面，说一声嗨，一定会遇到有人家请你进去喝杯茶。

Q = 未来预想图（Dream Labo）

L = 李以健

一茶书房创办人

泉州文史爱好者

Q：是挺深入的玩法。

L：对。首先你要了解得足够多，要做相应的一些功课，而不是在小

3

2

1

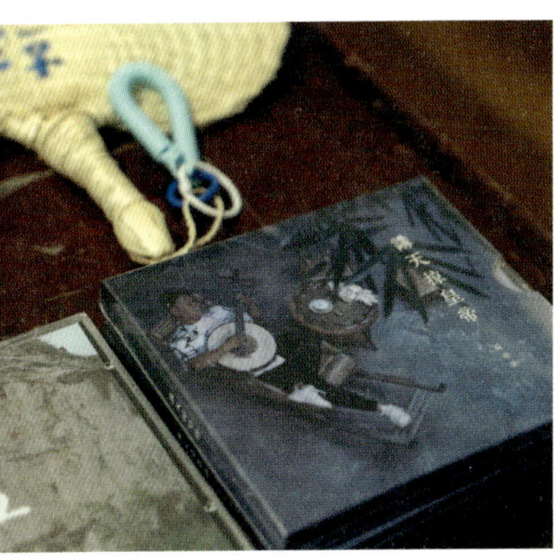

红书上搜攻略，就跟别人吃一样的东西，去同样的机位拍同样的照片，还带着同样的簪花围——其实做的都是重复的事情。为什么不走一趟和别人不一样、属于自己的旅程呢？

比如，泉州有 37 只动物形态的石敢当*，你能不能把它们全部找到？——这种打卡是有营养的，你可以借此充分地把这些街巷走一走。而不是去“泉州”或“爱”的字体旁打卡，以此证明自己到过泉州。

Q：接下去还有什么有趣的新项目？

L：我有一个大而无当的理想，就是让泉州拥有更多结对友好城市。2024 年上半年我用了两个月去踏勘和整理了一条杭州的路线。杭州和泉州其实有很多连接点。杭州是南宋的首都，泉州类似南宋的陪都，因为南外宗正司在泉州，当时的皇亲国戚都生活在这里。再比如弘一法师，他的舍利子就在杭州和泉州。杭州被称作“东南佛国”，而泉州被称作“泉南佛国”。泉州有东南沿海四大清真寺之一“清净寺”，而杭州有“凤凰寺”。

我想让大家了解两个城市之间的那些关联，让杭州人不要把泉州仅当作一个网红城市，而是能够抱着寻找两个城市之间对比异同点的心态。接着，我会关注宁波，2025 年关注温州和嘉兴，计划一年研究两个城市。

Q：在做这些项目的过程中，让你最有成就感的部分是什么？

L：慢慢地在影响其他人。我们走出去之前，起码要先了解自己的城市，回到三个问题：我是谁？我从哪里来？我要去哪里？但现在孩子一出生，大家只教“你要做什么”。我现在在做的事情，无非就是在找寻前两个问题的答案。

1 加泰罗尼亚地图——中世纪一幅重要的世界地图，是欧洲地图里较早提到泉州的地图之一。李以健特意从网上买来复制版，挂于一茶书房。他指的位置正是泉州。

2—3 观察李以健的书房，音乐也是一条线索。泉州本土音乐人苏世洪有一首以《来去泉州》为名的著名闽南语民谣，而李以健收藏了苏世洪的专辑《讲天掠皇帝》。他还对外展示加拿大摇滚歌手里奥纳德·科恩（Leonard Cohen）的专辑。

*石敢当：旧时立于宅门外、街拐角或丁字路口用于避邪的小石碑，是古时民间驱邪消灾的方法之一，以直接刻上“石敢当”字样的石碑状和狮子雕刻形状最为常见。

王铭铭：
人类学家眼中的双面泉州

text / 顾笑吟

photo / 王晓东 潘凌

“刺桐城”是泉州自古就有的别名。公元 5 至 6 世纪，刺桐树沿着“海上丝绸之路”从东南亚地区传入泉州，在城市扩张过程中，人们环城栽种刺桐树。13 世纪末，意大利旅行家马可·波罗因此将“泉州港”记为“刺桐港”。

而王铭铭撞上“人类学”是个巧合。他是泉州本地人，高考时，家里人觉得北京、上海都属于“边疆”，福建才是“中心”，到北京属于“发配”。于是，王铭铭用足以进入北京大学的分数报考了厦门大学，但选的是考古——他迫切

《刺桐城：滨海中国的地方与世界》
原作名：逝去的繁荣
作者：王铭铭
出版社：生活·读书·新知三联书店
出版年：2018 年
定价：82 元

Ⓟ 王晓东

想要靠“田野实习”到家乡外头走走。后来，厦门大学在他三年级时创办了人类学系，他的整个班级都转了过去。

跨越历史与现代，人类学研究与人相关的一切。但是，人类学者总是在注视他乡的人。在外求学时，师长建议王铭铭摆脱传统框架，聚焦中国。他随即决定以故乡泉州为起点，开启自己的人类学考察。他最终在英国伦敦大学取得人类学博士学位，博士论文也成为《刺桐城》一书的一章。

在王铭铭看来，泉州的城市性格是多面的。宋元时期，泉州承担通商口岸的功能，东西方文明杂处，城市本身的开放和包容程度很高。与此同时，泉州的人和建筑又很“中华和本土”，当地人重视礼教、科举，还有土俗的信仰，这使得这座城市有很强的本土特性。

2021 年泉州申遗成功后，本地人一直以来所骄傲的古城历史也逐渐为外界所知。王铭铭在英国学到的人类学研究方法教会他，不用过多去探究历史的根源，而是要重视对人们当下生活的考察，对现实做出自己的理解和描述。他希望若干年后自己对泉州的研究也能成为未来的历史文献。

Ⓟ 潘凌

Ⓟ 潘凌

泉州书店里总会摆上几本挖掘泉州历史和闽南文化的书籍。西街的芥子书屋里就摆出了王铭铭的《刺桐城》。

Q A

Q = 未来预想图（Dream Labo）
W = 王铭铭
人类学家
北京大学社会学系教授
泉州文化遗产研究院特聘教授

Q：你提到，人类学家主张“他者”视野，即离开自己的家乡和文化，到一个不习惯的地方研究具体的人群。本是泉州人这一身份对你研究泉州的人产生了什么样的影响？

W：会有很多便利之处，比如我会讲本地话，在当地的人脉比较广。要是做另外一个地方的研究，还要重新建立人脉网络，我在泉州的研究深受我以前就认识的那些人的帮助。

也有不好的一面。比如我对研究丧葬礼仪比较感兴趣，对这种很私密的事情做田野调查就相对困难，因为当地人会怀疑，你这个本地人为什么要来问这些问题，他们觉得你应该懂。还有就是一些在外面的人看来很奇妙的东西，作为本地人就会看得很淡，会觉得是理所当然，没必要解释和研究，这会使我们漏掉不少认识意义的东西。

Q：以历史周期来看，泉州目前还是处于式微阶段吗？

W：我曾经有很长一段时间这么相信：泉州还处于式微阶段，而且很难复兴。现在住在这个城市的人们有一种历史的自豪感，但这个

©潘凌

泉州海外交通史博物馆中展出了大量宗教石刻，诉说着中世纪“刺桐港”多元文明的海洋交流史。这家博物馆属于泉州人一定会劝游客去看的目的地。

自豪感并没有办法帮助这座城市复兴它在宋元时期的辉煌。所以我的书名曾叫《逝去的繁荣》，那时候自己年纪还小，就大胆地把观点表达出来。

现在能不能这么说，兴许有疑问。主要的疑问是近一二十年以来，整个世界都变成依赖文化遗产在生活，欧洲国家是最明显的，那么这会不会也是另外一种生活方式，使泉州转变成为一座繁荣的遗产之城？这是个问号。

Q：你曾提到，小时候有很多不能理解的现象，比如看到长辈们在一些时间节点会举办各种仪式，大家都认真对待，再怎么禁止都没用。后来你也花了很多时间在泉州研究民间信仰和仪式，现在你如何理解泉州人与“超人”的关系？

W：我观察到的一些民间信仰仪式给我很多启发。因为在这些仪式里面，不只是人在互动，人还要跟神明、神明背后的万物和祭品形成一个互动的圈子，这种互动在仪式里面是最典范的，尽管日常生活中也会有，但没那么明显。

怎么泉州每家书店里都有一本《刺桐城》？这是一本“泉州的传记”。

在这个仪式的时间点上，人们更直白地表达了他们对世界的看法，他们认定这个世界不只是由人构成，还有神明、鬼怪、万物。有的物由神明来代表，比如有的神明是从山上来的，甚至有的神明是木头。这些仪式能启发我们社会科学研究者的认识。

中国社会科学的研究方法是从西方学来的，长期以来西方人也在揭露自己的毛病，就是人类中心主义——社会科学的研究跟人之外的东西都没有关系。我研究泉州的仪式，如果那样研究，我就只能看到仪式的一小部分，因为人和人的关系仅是仪式的一小部分，而神灵和万物在当地人的生活世界里实则占了很核心的地位。

研究中国各个地方的人类学家蛮多的，以前他们制造的文本都仅是关于中国人本身，我觉得是有问题的，当地人脱离不了超越性的人，也就是各种神明。我通过仪式研究，提出的观点是人们的生活其实是包含更多的存在者，不只是人的存在者——这对我们反思社会科学有帮助。

Q：可以分享一个在泉州做田野调查时，让你印象深刻的发现或观察吗？

W：在泉州城里面让我记忆深刻的东西很少，乡村反而给我留下更为深刻的印象。比如，我当时在安溪县做研究，他们有一个进香的活动。村民认为，他们村除了有一个祖宗之外，还有一个神叫“法主公”，是他们村的保护神。村民每年在农历 7 月都会给法主公过生日，这个仪式让我很震撼。他们会请外乡的道士们来做仪式，帮他们把四方的神明都请来吃饭。因为神的生日（仪式）要做得隆重，越多神明来参与，就越热闹。所以通过看他们这个请神的仪式，能够了解到这个村落之神所联系到的更大的信仰圈。

我看到道士们边唱边演奏乐器，他们讲的各种各样的神都有依据，都是根据古代传下来的经书在念。一个很大的信仰体系在一个小小的地方土神的生日时，突然就浮现出来了。

然后每年正月初十前后，他们都要用轿子抬着村神到它的老家去。因为这个神是在一个山上成神的，山上有座庙，这个庙就被认作村神的老家。村民们认为如果没有让神回家休息，就像没给收音机充电，它不会响。平日村神管理村里的事很累，老百姓有事就要跟它汇报，所以一年到头神都很辛苦，到了新年，就必须让神回家“充下电”再下山，回到村子的庙里面。

山上有座庙，一方面是神有一定的超越性，它要高于人间，另一方面它高于人间的地方，恰恰是大自然的一个境界。给神过生日和送神回家是安溪县村里一年中最重要的两件事，它们都让我印象特别深刻。

Q：泉州是你博士论文的田野地，以泉州为学术研究的起点，对你后来研究其他地方有哪些启发？

W：比如像刚才我们谈到的安溪农村的仪式，我看了之后，再到别的地方看到类似的仪式，就会很有兴趣去比较，然后发现相似点和差异。但我觉得最重要的一个启发是泉州历史上的文化多元主义。

在西方人开始发现世界，自以为承担起历史使命，要制造一个美好、多元、一体化的世界之前，泉州民间就已经产生了大规模的多元宗教和高度商品化的贸易体系，并且网络是世界性的。我原本以为这是泉州特有的，后来到中国别的区域做研究时，我才发现它可能是全人类共通的一段历史经验。

举个例子，对西南地区少数民族的研究，我们以前认为，西南的山河把这些少数民族分割成一个个小群体，他们是很闭塞的。但是我后来去西南行走了之后，我才发现，他们虽然没有海，但是他们有山，这些山都是有脊梁的，山脊往往是一条蛮宽阔的道路。通过我们称之为“茶马古道”的这些通道，古代西南也有很高强度的文化流动性。

Q：这几年你也时常回到泉州，感知到家乡发生了哪些大的变化？

W：我年轻时一直想离开家乡，去看看外面的世界。我发现现在泉州的一大变化，就是年轻人很热爱家乡，跟（年轻时的）我想法一样的人，少了很多。比如对于泉州的文化遗产，他们有很强的自豪感。你会看到在泉州有很多文创园。这个变化可能跟他们的生活、文化遗产观念的到来有一定关系。

ⓟ 潘凌

Ⓟ刘树奎

©刘树奎

下南洋的冒险者回归故里

带来中西交融的新主张

这片土地上

人们消解和延续千百年来的习俗

Ⓟ 潘凌

侨民往事：他乡，故土

别太小瞧华侨在泉州的影响力。你会好奇，为什么泉州一些餐厅和公共设施的名字里都要带个“侨”字，为什么能在本地吃到东南亚美食，为什么小洋楼的窗楣会雕刻闽南花鸟图。贸易、战争、动乱，促使一代代泉州人“下南洋”。

对于“下南洋”，闽南地区有一个说法叫“十去六死三留一回头”，即只有大约十分之一的华侨能够重回祖籍所在地。在新中国首个归国华侨别墅区“泉州华侨新村”里，我们听到了一个家族几代人的“归侨”故事。

ⓟ 刘树奎

text / 励蔚轩

photo / 刘树奎 吴少鹏

在泉州，大量建筑、商品、居民区都与华侨相关。

漢卿兒存念
父母贈
其他影中人乃你妹婿、
妹妹與其兒女

© 吴少鹏

1 泉州人总有几个闯海外的亲戚，吴少鹏一家也是如此：吴家爷爷作为二代移民出生在菲律宾，少时被双亲送到故乡泉州学习中文，因为历史原因，回菲律宾时已是耄耋之年。昔日爷爷求学的旧学堂已经成了博物馆，侨民寄钱回家盖的大房子也成了历史遗产。这些房屋的历史变迁，也映射着吴家几代人的“归侨”故事。

2—6 四张吴少鹏珍藏的全家福照片，也是一段横跨 50 年的家族漂流史。

1949 年，吴少鹏太爷爷吴天正全家在菲律宾合影留念。（2）

1970 年前后，一张从菲律宾寄至泉州的全家福照片，背面全文为：“汉卿儿存念，父母赠。其他影中人乃你妹婿、妹妹与其儿女。”（3—4）

1986 年，吴天正携菲律宾妻子回到泉州家中探亲。（5）

2003 年，时隔 54 年，吴少鹏的爷爷和叔公终于一起回到了出生地菲律宾宿务。（6）

晋江梧林传统村落是一个形成于明洪武年间的闽南聚落，自清朝末期逐渐有村民旅居海外，现有海外侨民 1.5 万人，绝大多数位于菲律宾，建筑形态融合了闽南传统官式大厝、古罗马式和哥特式洋楼、南洋风味的“番仔楼”、中西合璧特色石头厝等。

在泉州，若看到这家门前种着莲雾、菠萝蜜，大抵是华侨人家。由南洋带来的树种，落地生根，今已亭亭如盖，讲述着跨越山海的他乡故事。

“侨”，意为寄居国外的人。受“八山一水一分田”的自然环境局限，泉州人在本地的农耕资源有限；真正可以“以海为生”的，也只有地缘上最靠近海的一小部分人口。人们把眼光放到了海洋的另一头：菲律宾、马来西亚、印度尼西亚、新加坡……到那些国家，和当地人相比，他们更肯干、更勤快，填补了当地所需的劳动力缺口，有机会投身农业、种植业、渔业，或从事零售，开设名为“菜仔店”的杂货铺，以及米店、木店、布店等，完成原始资本的积累。

初下南洋，是在赌命。闽南沿海民间有句话说，“出海就像是丢了，能回来是又捡到了”。一百多年前，为现实生计所迫，出海讨生活的人，搭乘无动力帆船出发，顺季风和洋流而动。海途与内河航运不同，福建人亦非真正的海洋民族，很多人无法适应海上的风浪和气候，九死一生，能平安抵达对岸的人很少。船一靠岸，人们就去上香谢神，感谢神灵的庇佑。

到达仅仅是个开始。到了东南亚国家，语言不通，文化不同，社会的样貌也大相径庭。想要安顿下来，泉州人通常依靠家族的托举。最初去打拼的人，在海外已站稳脚跟，他会告诉自己的亲戚，你也可以来这里发展，在我这边先有个落脚点，慢慢适应，干出点名堂来了，再出去单干。族人之间，一个带一个，相互帮衬。泉州晋江更有“十户九侨”之称，华侨在海外也由宗族等维系良好互助的关系，形成了一种族群。

艺术家、策展人吴少鹏的太爷爷吴天正，于民国期间去往菲律宾闯荡谋生，年值十七岁。趁年轻、未成家就离开家乡的人不在少数，对他们来说，这样牵挂更少。吴天正在菲律宾跟人合资开船务公司，是走船的。待事业稳定后，他迎娶了能歌善舞、祖籍泉州的菲律宾华人 Maria，育有六个梅斯蒂索（Mestizo，中菲混血的专有名词）子女。

在吴天正心中，泉州才是故土，是他最想回到的“家”。但他的孩子们面临截然不同的处境：他们出生、成长在菲律宾，那里就是家。吴天正不愿让孩子忘掉自己的“根”，就在 1949 年 4 月，托人把当时 9 岁和 8 岁的两个儿子吴汉卿、吴汉水送回晋江，学习中文。两个孩子离开家乡，举目无亲。一同回国的还有他们的堂弟 Jose。刚开始，兄弟俩被寄养在堂弟父亲的晋江家中，一边上学，一边思念着菲律宾的生活。

1949 年 10 月，新中国成立。由于吴汉卿兄弟的“华侨回国证明书”是“中华民国”颁发的，彼时新中国尚未与菲律宾建交，两人滞留下来，回到父母身边的愿望，变得遥遥无期。

吴少鹏说，太爷爷的名字 Go Tian Ching，还是闽南语发音的单音节词；爷爷的名字 Juanito Go，已经随菲律宾当地语言，变成了多音节词。语言就像是锚定了他们的身份，吴天正的泉州，吴汉卿的宿务（菲律宾第二大城市，仅次于马尼拉），隔着大海，都变成了回不去的远方。

有一次整理家庭照片，吴少鹏偶然发现了一张漂洋过海的全家福背面的手写文字：“汉卿儿存念，父母赠”。在中菲还未建交的 1970 年前后，分别时还是小孩的妹妹们，都在菲律宾有了家室，生儿育女。吴少鹏想起自己高中时曾见过身材高大、形如巨人的爷爷在夜半哭泣，用闽南话说着“我好想爸爸妈妈”。

和爷爷另一次跨越时空的重逢，发生在晋江梧林传统村落的侨批馆。2022 年，身为策展人的吴少鹏，正在策划“梧林艺术季”，跟奶奶闲聊中，他才知道爷爷被送回泉州求学的旧学堂之一，就是现在的梧林侨批馆。

“侨批”，也是国内华侨家眷的一种盼头。遥寄家书，是为侨信；同时寄来现金的，乃为侨批。后来，从菲律宾回国的舅舅寻回了吴汉卿兄弟。他们从寄养家庭搬出，在泉州城北门外双乳山下、外公年轻时的居所安定下来。每年春节和年中的“普度”节，菲律宾的父母都会寄钱到家里，每次 50 到 100 元不等。在吴汉卿订婚和结婚时，又分别寄了 1000 元和 500 元回来。有几次，寄回来的是美元。

通过侨批，能够顾得上家庭，已经很好；只有约百分之一的少数人才能衣锦还乡，盖新房，修祖厝，兴产业，办学堂。作为典型的闽南侨乡，梧林现有户籍人口 1800 余人，而海外的梧林华侨已有 1.5 万人。侨房多为 20 世纪上半叶建成，跨越近一个世纪仍立在原地，在各国建筑设计师的巧思下，以钢筋混凝土为材，将闽南大厝、骑楼、哥特式、罗马式等建筑风格融合、改进，门楣上也刻下了一个个华侨家族的名字。

*五脚基：骑楼下的走廊，位于店铺或住家的前部。英国殖民新加坡时期规定骑楼走廊的宽度不得少于 5 英尺，故得名“五脚基”（five-foot-way）。

能留下的，才能被看到。在吴少鹏眼里，梧林就像是“竖满了丰碑的港口”。

百分之一的华侨被称作“侨领”。现从事旅游行业的施康宁，老家在晋江龙湖镇洪溪村，这个村子就走出过菲律宾华商领袖施至成。在施康宁的回忆中，侨领归来，是体面而盛大的。当时，人们只穿得起普通衣服，他们已经穿起西装、打起领带；小学生们列队举花欢迎。家乡尚且发展困难，被需要的感觉，会激起一个人的责任感。从 1979 年到 2014 年，在泉州籍海外乡亲捐资创办的各项公益事业中，教育就占了 70%。施至成在洪溪村的小学捐建了好几栋楼。“学费也是华侨出的。”施康宁说。

在海外站稳脚跟后，侨商利用泉州的港口优势，发展外贸，在国内采购价格较为低廉的原材料，再发往海外。在施康宁小时候，载满要出口的洋葱的大卡车向村外驶去，小孩子们就在车后追，捡掉落的洋葱。到 20 世纪 80 年代末 90 年代初，海外的用工成本变高，生产利润被挤压，侨商纷纷回到家乡来，从采办更低成本的配件，到自己办工厂生产配件，在实现产业链转移的同时，也为家乡人创造了更多工作机会。侨商投资建厂，带动了泉州民营企业的快速发展。

改革开放以前，泉州人的生活条件还没有那么好。夏天太热，屋里待不住，“五脚基”*的连廊下，铺张草席，一家几口，乃至邻居两三户，都睡在外边。村子里没有马桶，用着开放式的旱厕。1986 年，吴天正终于带着妻子从菲律宾回到家乡，由于设施落后，生活不大适应，他们为吴汉卿家装上了村里第一套自来水系统，不再去井中汲水。

吴天正在菲律宾生活了超过半个世纪，宁可在置产和生意上有不便利，也始终未入菲籍，最后如他所愿，落叶归根于晋江。而吴汉卿一心想着要回菲律宾的家乡宿务，1986 年父亲回国，他哭着质问父亲，当年为什么把自己送回来？但在出发去菲律宾前他才发现，用于证明自己身份的归侨证上的印章已被偷偷剪掉。子女都已出生，妻子担心他回到宿务再娶，才暗中动了手脚。

同样是半个世纪之后，2003 年，吴汉卿终于成行，和弟弟吴汉水一起回到宿务的家中，彼时，母亲已经去世。20 年后，儿孙们找到了一张兄弟俩当年在菲律宾录制的光盘。经过解码，他们和家人团聚的画面如在眼前：热闹聚餐、日常生活、重回故乡的海……

吴少鹏家原先的老房子的水井边有一棵菠萝蜜树，据说太爷爷吴天正从菲律宾带回了种子，特地种下，叮嘱儿孙们不要忘记七洲洋（今西沙群岛附近）外的吕宋（菲律宾旧称）还有一个家。

他说，作为归国华侨的后代，扪心自问，我们还会再下南洋吗？现在泉州的生活条件已然变好，“南洋”不再像过往那般有吸引力。但想到祖辈曾在异国生活过、打拼过，又想去看看那个家。“文献中的家族是抽象的，我们还有没有好奇心和探索欲，要去接触更具象的东西？‘爱拼敢赢’的精神，在这个时代还剩下多少？”

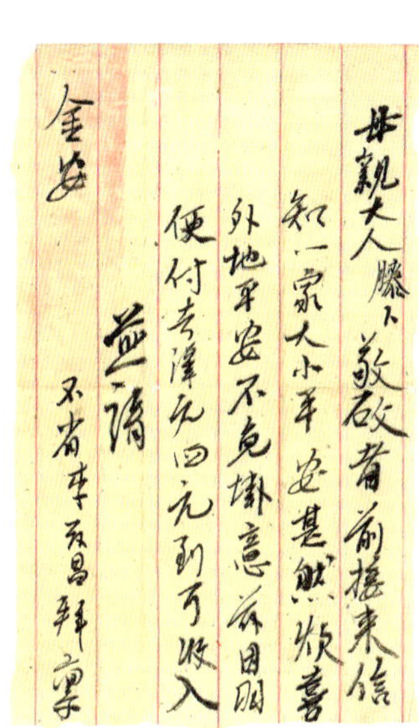
母親大人膝下 敬啓者前接来信
知一家大小平安甚然欢喜
外地平安不免掛意 兹因
便付去洋元四元到可收入
並請
金安
不肖李友昌拜禀

煩大駕送至港邊呈交
家 慈母親 收展
外付银肆員
由叻李益傳挽

© 吴少鹏

他应以怎样的身份踏上那片土地；是否还能找到太爷爷在菲律宾的居所和产业；如果找得到，整个家族又要如何接手这笔遗产——这些，或许都是“再下南洋”更实际的问题。

而对那些身份已经切换、留在他乡的侨眷而言，泉州亦是遥远而陌生的一个地名。历史人类学研究者洪鑫诚，在新加坡国立大学攻读博士学位。他向本科生开出一门叫作Aisan Interconnection（亚洲的互相连接）的课程，其中有一个课堂活动，要求学生通过采访，借助工具，画出自己的迁徙地图。

“我特别喜欢看他们的家族史，他们混血的程度超乎我的想象。”洪鑫诚说。学生们的爷爷奶奶只会告知一个村的名字，但因年代久远，行政区划改变，或者发音不同，他们在谷歌地图上已经无法搜索到那个地方。

找不找得到自己的“根”在哪里，或许对年轻人的日常生活影响不大，但它关乎自己的身份认同：我是谁，从什么地方来，我为什么会成为现在的我——这是绕不开的思绪。“至少需要一个线索，去找一些东西。很多人觉得这是有意义的。”他说。

而在吴少鹏的艺术构想中，他希望将来可以在泉州的海边做一个船形教堂。教堂，意味着从菲律宾沿袭的宗教信仰；船，则是载着侨民离散与归来的交通工具。这件作品，像一座无名英雄纪念碑，纪念那些从泉州港走出去却不曾留名的祖辈，也纪念闽南与南洋间，如镜像般谱写的平行史诗。

民国期间一封南洋务工者寄给泉州南门外家中母亲的“侨批”，即海外华侨附上钱款寄回家的书信，现藏于泉州南麒楼。

从数字里读懂泉州华侨

text / 肖涵予

“侨”在泉州是个高频字。它藏在学校、公司、工厂和农场、博物馆的名字里，也藏在建筑和食物的细节里。这些华侨一直在参与建设自己的家乡，在这些数据痕迹背后，隐藏着华侨与泉州无法割裂的经济文化关联。

6 组数据，看看华侨与泉州的关联

*如无时间标注，数据统计范围均截至 2024 年 8 月。

数据来源：
泉州市委统战部、泉州市外事侨务办公室、新闻媒体《海峡都市报》及《福建日报》等公开资料。

全球泉州籍华侨华人总数约 **950** 万人，其中 **90%** 人口分布于东南亚地区。

祖籍泉州的华侨华人遍布 **170** 个国家和地区。

南洋与家乡：福建华侨的去与回

明永乐年间（1403—1424 年）
郑和下西洋使得部分明朝商人与水手留居东南亚地区，与当地人通婚，形成“峇峇（男性）”和“娘惹（女性）”族群。

明隆庆元年（1567 年）
福建漳州设立通商口岸，省内出洋人数剧增。

1827 年
泉州惠安县后海村一位归侨在家乡捐建考棚，是最早的华侨捐资办学形式。

1840 年
鸦片战争爆发后，清政府被迫允许契约华工出洋，形成“华工出国潮”，也是第一次“下南洋”外迁高潮。

1913 年
菲律宾归侨李丹臣与地方绅商谢俊英、董福禾等集资在泉州筹办泉州电力公司。

1920 年
福建省第一家侨办医院——集美医院成立。

1921 年
中国近代第一所侨办大学——厦门大学成立。

1922 年
福建省首家民办汽车路股份公司——泉安民办汽车路股份有限公司由华侨陈清机创办；全省第一条民办公路——安海至泉州公路通车。

1939 年
主要由南洋华侨青年组成的第一批“南侨机工八十先锋队”由新加坡出发，前往滇缅公路支援抗战物资运输，补足战时卡车运力。

20 世纪 20 至 30 年代
受军阀割据、内战及日军侵华影响，中国沿海地区出现第二次“下南洋”外迁潮。

数据来源：
泉州市华侨历史博物馆、泉州市外事侨务办公室等。

泉州海外侨民捐款回乡，他们喜欢把钱投在哪儿？

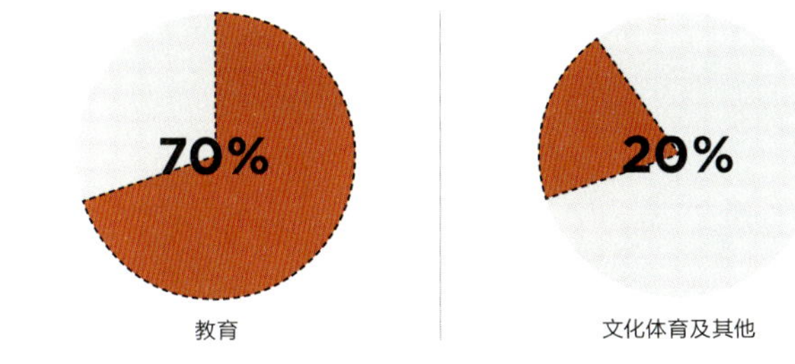

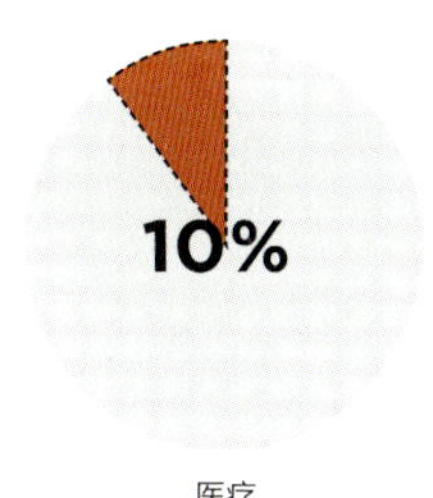

数据来源：泉州华侨历史博物馆《1979—2014 年泉州海外乡亲捐资情况图》。

改革开放至今华侨及港澳同胞对泉捐资总额约 **157** 亿元。

泉州 **80%** 以上的学校及大部分医疗机构均接受过侨捐侨助。

2011 年，泉州华侨为中国捐建的公路、乡道、桥梁总长度已超过 **10000** 公里，相当于从上海开车到荷兰首都阿姆斯特丹的距离。

截至 2023 年 4 月，泉州共有侨资企业 **12508** 家，约占泉州市外资企业数量的 **80%**。

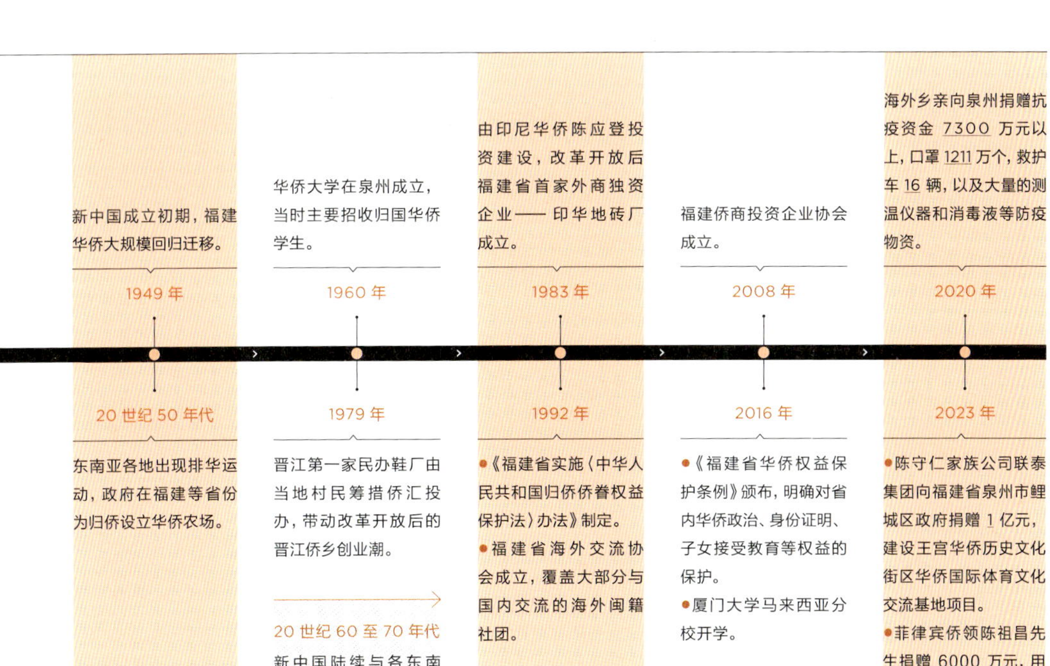

text
/
陈若冰
Illustrator
/
于瑒

在泉州，
家族为何重要？

初次到泉州人家里做客，你往往能感受到浓浓的人情味——主人家会做好一大桌子本地菜招待客人，甚至叫来亲戚捧场。

这背后是一套依托传统宗族结构的家庭秩序与人情规范。逢年过节，一大家子定会聚集一堂，吃一顿饭，拜一拜神，博一场饼；家族生意是常见的谋生形态，所以即使小孩读书不好，也可以给家里帮忙。若是长在海边，孩子们常被使唤着送食物，拿着一大袋禁渔前打捞的海鲜，一家家送过去，或许会拿到回礼。在外地，泉州人愿意多看顾一些老乡。

这套宗族结构给予了当地人安全感，也带来了众多束缚。我们梳理了几个泉州人的家族传统，这些习惯总会勾起他们对家乡的思念。

泉州人铭记、
认同甚至
质疑的传统，
构成了
这座城市的
人情世故。

拜拜

在最传统的泉州家庭中，一年 365 天中可能有 200 天都在拜拜——拜天公、观音、土地公、妈祖、各种佛祖等神仙，也拜祖先。拜拜时，泉州人会报上身份证号码、家庭住址、家庭成员情况等，让神明认得自己是哪户人家，再说出愿望。一百个家族会有一百种拜神的仪式做法，但是他们都会同意“万物有灵”。如果一棵树长得较高，就会被视为有“树神”，不可轻易被砍伐；头发长得超过腰，就会有“头发神”，不可随便剪短。举头三尺有神明，只要走在日光之下，就可以掏出一副圣杯（又称筊杯，是中国民间信仰中一种人们请神明指示的卜具，形似两蚌壳，仪式中向地面投掷，观其俯仰，一阳一阴的组合表示神明允许、同意，或行事会顺利），向天参拜后掷出，让天公决断。

持家的女性

泉州家庭里总有一位女性从早到晚、日复一日地忙。她们不仅负责家务，还要了解频繁的祭祀活动。在当地传统家庭观念里，“好媳妇要会做出漂亮的蒸发糕”。泉州女性大多既主内，也主外。泉州晋江、石狮的鞋厂，德化的瓷器厂，甚至泉州市区有名的一些小吃店，都是“夫妻店”。闽南语有个方言叫“qiazabo”，指的是说话比较呛人的女孩子——泉州的繁荣背后，少不了以坚强而剽悍的性格支撑家计的女性。一些年轻人正努力想为女性长辈正名，改变家庭传统性别分工。

家族共同抚养孩子

泉州人重视生育，育有孩子才象征一个家庭真正成形，更传统的观念甚至认为，可以先生孩子再结婚。抚养孩子则是整个大家族的责任，而非仅由亲生父母承担。因此，泉州人记忆里常有辗转于叔舅等亲戚家生活的经历。若一个孩子出生后体弱多病，父母还会领他/她去认“神”做干爹或干妈，保佑孩子健康成长。通过这种方式，“神明”也参与到了家族事务之中。

博饼

博饼原是闽南地区庆祝中秋团圆的习俗，是一种多以家庭为单位的聚会游戏。“博饼”源于明清的游戏“状元筹”，起初只流行于文人雅士之间，后来在工商界也流行起来。参与者要掷六个骰子，博得状元、榜眼、探花、进士、举人、秀才等六个等次，获取大小不等的月饼。现在，奖品也从月饼变成了智能手机、平板电脑一类的数码产品，颇受小孩子欢迎。泉州一些小企业主会在年末筵席“尾牙”上博饼，既能娱乐众人，也能犒赏员工。

做十六岁

做十六岁是闽南一带以虚岁十六岁为成年的成年礼习俗。父母会在小孩那一岁的生日时，在家摆设神案，炊煮油饭、麻油鸡酒、圆仔汤等，祭祀七娘妈、临水夫人、床母等神明，感激神保佑孩子平安健康、成为大人。十六岁宴不问性别，男女同行。泉州市内的十六岁宴席规模较小，只会请父母的亲友和孩子的同学。县城工厂主们办的宴席就规模盛大，因为他们可以显示财力，甚至趁此机会为孩子物色未来的“亲家”。

泉州人这么说

“仪式感将家族聚集起来”

张心怡

年龄：90后
常居城市：上海
职业：作家、中学语文老师

我妈妈不是泉州人，不会讲闽南话，我小时候，她去菜市场讲普通话可能还会被“宰”。泉州拜拜的规矩很多，即使妈妈是外地来的媳妇，也要承担这个责任。嫁过来二十多年，每年拜拜之前，妈妈都要去问邻居拜拜规范，要哪几种水果、哪几种糕点、哪几样金元宝、要去哪里买等等。

奶奶还在世时，家族文化最浓厚。当时春节前，家里人会花上好几天，做好各种油炸食品，摆满一大桌子。大年三十的凌晨，整个城市的人都要去关帝庙拜天公，非常拥挤。葬礼的仪式也非常繁重，家人会专门请剧团来演出。在老一辈眼里，这些祭祀节点和仪式能够将家族聚集起来，不能够怠慢。

“家庭给泉州人安全感”

Joseph

年龄：95后
常居城市：东京
职业：互联网工程师

泉州宗族文化较浓的主要在晋江、石狮、南安这几个经济较发达的县市。这几个县市恰恰家族企业非常发达。我小时候在晋江生活，后来搬到市区。在我看来，县市的大家族里大家都做生意、都睡得晚，就常常“混”在一起玩，而泉州市区很多家庭是双职工加独生子女，结构更稳定。

我认为家庭能给泉州人很多安全感。泉州府城人认为“读书至上”——这个系统淘汰率非常高，竞争激烈，而晋江比较鼓励多元化发展，念书好就去念书，不会念书可以找一个老板跟着学。我的家族虽然没有给我什么物质帮助，但带来了很多精神帮助，比如“不要卷，而是去开拓和创新”，意思是说，别人没做过的事，你就要去试试看你能不能做成。

我上大学那年离开泉州，一直在外生活，一方面认可家庭的价值，另一方面也认可现代化的一些观念。我爸一直催我赶紧生孩子，说“生完一堆人抢着养”，这是大家族能提供的支持，但我还是觉得在结婚生子前要多多赚钱。

劝人拜拜是泉州人的终极关怀

黑狗

年龄：80后
常居城市：泉州
职业：餐饮从业人员

大学毕业后我就回到泉州工作了，创业过几次，开每家店都要拜土地公，到现在也会回家拜拜。对泉州人来说，拜拜不是那么严肃的事情，只是一个行为习惯。反正家里每天都要煮东西吃，如果今天恰有拜拜活动，人们就会把食物先拿过去拜一拜，拜完再吃。做生意的人觉得最近运气背，可以去拜拜补个运。如果我觉得家里小狗最近脾气有点臭，可能是它有些倒霉心情不好，那也可以抱狗去拜拜转个运。和亲友见面，他如果听到你说最近很衰，第一反应就是，你该去拜关帝庙了——劝人拜拜是泉州人的终极关怀。

我觉得，泉州的民间信仰就像一间间“事务所”，而土地公就是泉州家庭的基层物业。如果一家寺庙服务速度快，收费便宜，效果好，人们就愿意把这间“事务所”介绍给家族亲戚。以前大家族都住在一个村子里，去同一家寺庙，家族便因为这家寺庙相互联系起来。

拜拜就是泉州家庭的团建

郑珺如

年龄：70后
常居城市：泉州
职业：蚂蚁庭院私房菜老板

以前有个亲戚家小孩问我，拜拜不是封建迷信吗？我是这样回答他的：“我们一大家子坐在一起，总要有共同信仰。每逢节日拜拜，有那么多仪式，家庭生活变得很丰富，都不用考虑额外的活动了。”其实拜拜等宗族活动就是泉州家庭的团建。

随着城市发展，许多风俗简化了。但在家族交往方面，我认为我们闽南人最后的底线是“走三节”。端午、中秋、春节这三个节日，我会拿一些蜜饯或面线送给长辈，以表心意。如果连“三节”都不走了，那可能这个亲戚关系就比较疏远了。这几年，我的亲族之间流行在禁渔季之前，几户人家包一艘船去打鱼。这条船打鱼回来所有的海货就几户人家分，每户分到之后就会拿去再分给亲友——这是一种用食物连接大家庭的方式。

家传之味

1 泉州当地的姜母鸭店大多有一个堆满锅子的开放式厨房。
2 泉州有三大当地人爱吃的老店：斯丹姜母鸭、张林阿山姜母鸭和忠记盐烧番鸭。三家店的做法都不同，斯丹的鸭偏干，忠记的则带汤水，张林阿山的介于两者之间。

2
1

text
/
陈若冰

photo
/
潘凌
陈若冰
刘树奎

Illustrator
/
黄婉华

说起闽菜，人们传统的印象中，大多是酒席上的佛跳墙、荔枝肉、醉排骨等“山珍海味”——福建背山靠海，因此在饮食上一半山味，一半海味。事实上，这些酒席大菜大多是以福州菜为代表的福州官府菜。

要寻找泉州的饮食特色，无须去大酒店吃宴席，而是要深入巷弄人家里。泉州县后街蚂蚁庭院私房菜坐落在泉州鲤城区老城中心的巷弄深处，与普通人家为邻，铺了石板路的小院子里栽满绿植。2008 年，郑珺如辞职从厦门回到泉州，开出了这家以私房菜为招牌的餐厅。

“闽菜源流各自有脉，山海兼容和而不同。”郑珺如这么归类她眼中的本地口味。闽北靠近江西，饮食上重咸重辣；闽西位于山区，保留了中原饮食特色，偏“肥、咸、熟”。泉州地属福建东南部的“闽南”地带，背山面海、地势起伏，因而得名“八山一水一分田”。

郑珺如是泉州惠安人，少年时曾随父母在距离故乡百多公里的厂矿生活，每逢暑假寒假从山区回到惠安奶奶与外婆家的灶间，便是她开始了解泉州饮食文化的起点。毕业后，她进入厦门一家地产策划代理公司工作，在外地频繁出差之中与来自不同地域的人打交道，渐渐意识到自己以及家庭对闽南传统食物有着热情与细节追求。

©陈若冰

©陈若冰

蚂蚁庭院的菜品在泉州传统家庭料理的基础上做出创新与改良，比如往泉州最常见的茶点杨梅蜜饯里加入陈皮；闽南旺螺沉海鸭与花螺片、猪心同煮；闽南天妇罗随季节时令变化食材，有“秋冬海蛎”与“春夏蛏子”两个版本；骨汤葱油捞面线用骨汤而非清汤作为汤底，口味鲜甜。

郑珺如的心愿是做出“当代持续性火力供应”——天然气炉灶出现以前的“地道泉州菜”。她认为，泉州地理环境恶劣，在煤、天然气等现代能源普及之前，沿海泉州与“晋惠南”（晋江、惠安、南安）人们日常烹饪的主要火力材料是草料，如山芒草、田稻草、水岸草。草料火力的特点是“火势猛”“火程短”“重余温”。

以闽南最常见的酱油水炣海鲜为例，家庭主妇需要在珍贵草料燃烧的短短火程中，精准把握烈焰猛起到火势式微的短暂状态，依时机投入油姜葱蒜、海鲜、酱油料酒，使蛋白质发生“美拉德反应”，再用余温焖熟食物。

闽南家庭主妇间最常提及的赞词便是“好手势”，意即此人善于把握烹饪的时机。郑珺如在田野调查中发现，直至20世纪80年代之前，泉州各地日常家庭的烹饪燃烧材料都是以草料为主，只在重要年节，才额外向安溪、永春的山民们预订木料用来蒸发糕、年糕等。

那些泉州地道的饮食规矩往往在家中传承。回家吃饭，泉州人一定先喝一口“定魂汤”，一天一只鸡或鸭是标配。蚂蚁庭院的老鸭汤在还原泉州传统老鸭汤的基础上，额外加入了猪心、螺肉，以提供更多层次的鲜甜；再尝几粒用红曲酒熬的鹌鹑蛋，收获泉州人对客人的吉祥祝福；酥脆的闽南天妇罗里，立夏以后包的是蛏子，秋冬则换成海蛎——因为秋冬才是海蛎最美味的时候。“应时令更换食材，是泉州海边人最基础的饮食观。”郑珺如说。

1
2
3 4

泉州的饮食，一向和这片土地上人们的生活习惯绑定在一起。因为当地气候燥炽湿寒，泉州人会沿用传统说法，认为泉州“地气不好”，所以饮食必须偏清淡。比如，早餐吃面线糊的习惯，是为了顾及肠胃不会吃太饱，但又有营养，荤素搭配。天气炎热，食物难以储存，因此泉州人会用油炸处理食物，以求延长保质期，于是便有了炸醋肉、炸紫菜、炸菜粿、炸枣。这些“闽南天妇罗”比较干燥，拿去拜神也合宜。

泉州常有以宗族为单位聚集的场合。泉州卤面便是郑珺如参加乡宴时最期待的一道菜。主人家用一口大铁锅慢慢煮生碱面，加入办桌的各种材料补充营养，煮得久了，淀粉脱落融入汤里，汤汁逐渐变得黏稠。在乡宴开桌前，来当帮手的亲友们需要进食补充体力，但吃饭的时间点不同。而从早忙到晚的宗族聚会，一锅卤面也可以从头吃到尾，第一个人吃到的和最后一个人吃到的一样浓稠好吃。

历史上，泉州有几次大规模的外来移民潮。面食通常被认为是中原移民带入泉州的。除卤面以外，面线也是泉州人生活离不开的一道主食。与普通的面条相比，面线更细更长，对泉州人来说有“长寿”的吉祥寓意。

郑珺如将面线称为泉州人的“精神圣物”。泉州人家庭里煮的大多是面线汤。生日要吃面线，家里生宝宝了要送亲戚干面线，拜拜也要有面线，生病了吃一碗面线容易消化，家里有客人到访也要煮一碗面线待客。

虽然在泉州，稻米一直是核心主食，但自明代之后，花生和番薯随海路传入中国东南沿海，在泉州的盐碱地上扎根下来，成了泉州人重要的饮食能量来源。

泉州人把鲜花生放入水里煮，便有了软糯的花生汤；再煮得细腻些，便成了绵密如奶的花生浆。泉州本地的宴席通常都以一道花生甜汤结尾，罐装的花生牛奶里也加入了花生颗粒。把花生碾碎，与糖或芝麻混合，可以包进麻糍、龟粿

Ⓟ 陈若冰

Ⓟ 陈若冰

ⓟ 潘凌

"古早味"在各家厨房诞生,经由贸易、移民、工业化的洗礼,一直不断传承下去。

里,成为提供坚果口感和油脂风味的馅料。再把花生做成花生酱,便可把这种坚果的风味带入一切食物里:花生酱淋肉粽、花生酱拌面、花生酱刷烤串……

把番薯去皮刷成条状,便成了"薯签";削成片状,便成了"薯箣"。薯签和薯箣晒干后可以长期储存,煮进粥里,便成了家家户户都在吃的"薯签糜""薯箣糜",比起白粥更多一丝甘甜。而把番薯洗成番薯粉,则可以让它在饮食中得到更广泛的运用。番薯粉做成汤圆变成地瓜丸,摊成饼状变成地瓜烙,加进任何汤水里都可以使之变得黏稠。泉州菜爱勾芡,加入番薯粉,能让食物变得更有韧性,锁住鲜味。晋江甚至有一座庙宇供奉着"番薯公",传说是"番薯公"将番薯引进了泉州。

在泉州非物质文化遗产库的记载里,经过海上丝绸之路前来的商人们将海外的食材带入了泉州,也带来了自己的饮食文化。

宋元时期,信仰伊斯兰教的阿拉伯人、波斯人、回族人在泉州定居下来,在当地发展了吃牛肉的习惯。牛肉与东南亚传来的香料一起炖煮,便成了有着咖喱香气的"泉州牛排";若把牛肉切成小块拌上地瓜粉,煮到水里变成了

1 西街上有家"亚佛润饼皮",曾经登上过美食纪录片《舌尖上的中国》,店家会往饼皮中包入萝卜丝、花生碎、芋头、豆芽等配料。尽管泉州人会告诉你,润饼菜要家里做的才地道,但他们愿意来这家店买。

2 西街的吴氏手工麻糍已经传了三代。一块糯米团子搓圆按扁,裹进白糖、芝麻、炸扁食皮,手一捏一合,扔进花生粉滚一圈,是最传统的麻糍。吴氏还创新推出了椰丝、红豆、绿豆、芋泥等口味。

一碗提供能量与营养的牛肉羹。泉州人还渐渐接受了异国来的各种香料和草药。将猪牛肉的内脏与八角、茴香、肉桂一起煮，成为浓郁的卤味；在面线糊与汤羹里撒入大量胡椒粉，增加辛辣的风味，暖胃祛寒。

而近百年来，大量泉州人移民在外，泉州本地的饮食文化也传到了闽南、东南亚各地。台湾饮食作家陈静宜曾花了八年时间走访了台湾、厦门、漳州、泉州、马来西亚等地，寻找平民食物跨越地域的流转。

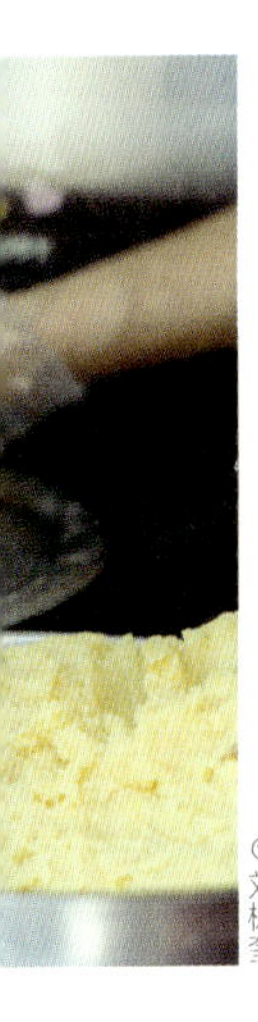
ⓟ 刘树奎

她在《喔！台味原来如此》一书里提及，可以通过润饼里包的馅料推测出其来源地：如果润饼里放炖烂的高丽菜，可能源于厦门；如果放海蛎煎，可能来自晋江；如果放炒香的大米饭，可能来自同安；泉州的润饼则会放一大半的胡萝卜丝——这也有讲究。陈静宜说，胡萝卜并非中国原生植物，由海上来客从“番邦”带到泉州，而作为海上贸易之都，泉州“已经把番邦食物内化成为自己的一部分”。

在马来西亚，有许多食物的当地发音与闽南语近似，比如肉骨茶叫作“Bak kut teh”——“teh”就是“茶”的意思。在马来西亚饮食作家林金城的《知食分子寻味地图》里提到，肉骨茶来自 20 世纪 30 年代马来西亚巴生地区的两家小吃摊，而这两家小吃摊的老板都是泉州永春人。但陈静宜在走访福建地区时，并没有发现“肉骨茶”三个字的说法。她只能肯定的是，马来西亚的肉骨茶是中国南方沿海移民在当地改良的平民食物。

历史上，华人移民马来半岛与当地妇女通婚产生的后裔被称为“峇峇娘惹族群”，后代中男孩为“峇峇”，女孩为“娘惹”。在马来西亚有许多娘惹餐厅，主打家传的娘惹菜，便是闽南饮食文化与东南亚饮食文化融合后产生的独特饮食流派。有东南亚的华侨回到泉州，把这种融合的饮食特色又带回了本地，如被称为“归侨的家庭餐桌”的侨家1960 南洋菜餐厅 。

食物本身的源头难以准确考察，但在陈静宜看来，寻找其中的流变则更为有趣。比如，近两年在泉州大火的黑派姜母鸭，其源头在同安区。

同安虽然现在已经成为厦门的一个区，但在1958 年之前曾长期属于泉州府的管辖范围。早在清代前，泉州就有用中草药和禽畜共同烹煮的习俗。同安的姜母鸭原来叫“姜鸭”，为干吃，姜、米酒、盐同鸭肉一起在砂锅中焖煮，直至收汁烧干。因其颜色偏白，又叫“盐鸭”。

20 世纪 80 年代，田正德在新北市创立“帝王食补姜母鸭”，改良姜鸭，加汤去煮，变成为加有老姜炖煮的鸭汤，这道菜又渐渐变成了一种火锅菜品。随着“姜母鸭”成功商业化，这种叫法逐渐为大众所熟知。

“姜母”在闽南话里指陈年老姜，和“姜母”一起煮的也并非母鸭。台湾姜母鸭的做法是，公的红面番鸭、麻油、老姜、米酒、中药，用砂锅与旺火炖煮，成品看起来黑红。鸭肉吃完一半后加入高汤与火锅料，就变成火锅，一鸭二吃。

现在，姜母鸭已成为台湾人冬令进补常吃的一道料理。湿吃姜母鸭的做法从台湾传到了厦门，重新被改良成干吃，只是颜色从原来的“白派”变成了“黑派”。陈静宜总结道：“泉州的食物随着移民传到外地，但本地也在变化，甚至比外地变得更快。所以某种食物最原始的味道，有可能并不在它的源头。”

姜母鸭体现了泉州人药食同源的思想。姜母鸭配料中的熟地、当归、川芎等中药被视为具有补血活血的功效，而党参、黄芪被视为有补气的效果。家家户户都有这些煲汤的草药，如果一个泉州人在外地工作，还可能收到家里寄来的煲汤食材。

收集福建家庭食谱的刘小样曾在 2024 年 2 月走访了泉州永春，发现当地人会在白鸭汤和猪肚汤中加入熟地和"养脾散"。"养脾散"相传最早由清代泉州永春的中医李齐轩研制，使用肉桂、金橘、党参、神曲等 20 多种中药材制成粉末，现在商业化后，可以装在小塑料包装里方便携带，也成为泉州本地的老字号产品。

泉州人很早就开始将家庭饮食商业化，当地不乏百年老字号餐饮品牌，如创始于 1857 年的林记正泉茂绿豆饼、始于 1910 年的好成财牛排馆、传承了四代人的秉正堂石花膏和亚佛润饼皮。

如果你拉住一位泉州朋友，问哪里可以吃到"最在地的食物"，他一定不会推荐你去西街或是网红餐厅。他可能会感叹：因为旅游业的发展，网红餐厅变得遍地都是，姜母鸭因为预制料理包而失去了以前的味道，卤面为了浓稠度加入了过多的花生酱，润饼只有家传的味道才最独特。

不过，这位朋友还是会悄悄告诉你他家附近的几家老店——因为那是混杂了他的成长记忆的，从小吃到大的食物。如果你有时间，他可能还会请你去他家里，吃一道家宴。

在每一个泉州人的心中，只有家的味道，才是真正的古早味。

泉州地区常见的调味料和当地菜

特色菜式

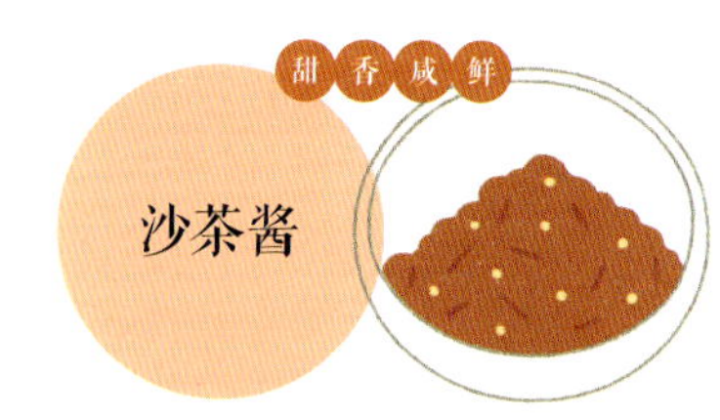

特色菜式

主要原料

黄豆

特色菜式

炣杂鱼　杧果蘸酱油

主要原料

糯米　红曲　芝麻

特色菜式

醋猪脚　牛肉羹　醋肉

主要原料

辣椒　蒜头　白砂糖　食醋

特色菜式

蚵仔煎　咸饭

主要原料

花生

特色菜式

泉州拌面　烧肉粽

财
福
福
财旺
财
富贵
生意

Ⓟ潘凌

Ⓟ 潘凌

当代泉州的商业传奇
依然植根于所有闽南
人都会吟诵的“咒语”
三分天注定
七分靠打拼
爱拼才会赢

当代泉州，自谋出路

泉州下辖石狮市的名胜“姑嫂塔”，它的名称来源于一个民间传说，一家男主人为求生计出海下南洋，家中姑嫂日日登塔，远眺大海。这座塔后来成为泉州侨民的象征。而在改革开放之后，侨民也再次成为泉州经济崛起的原动力。

虽然历史上的泉州曾是毫无争议的中国第一大港，但在当今中国的行政区划系统里，泉州的“先天条件”并不怎么好。

“位于闽南的一个地级市”是对它仅有的描述，而与之相邻的厦门则拥有更多头衔：经济特区、计划单列市、副省级城市。在中国的语境下，这些名称很大程度上决定了资源分配时的优先级和制定地方性法规政策时更大的自由度。

另一方面，当代的泉州市本身就是一个多个地区组合而成的城市。在 20 世纪 80 年代的地区行政区划体制改革中，原本覆盖历史上泉州区域的晋江专区于 1985 年被撤销，泉州升为地级市，管辖晋江、南安、惠安、安溪、永春、德化、金门 7 县和由原泉州市建制改名的鲤城区，在此格局下几经调整，形成了如今的地级市泉州。这片 1 万多平方公里的土地中，平原、盆地、河谷、丘陵错落分布，俗称“八山一水一分田”。

没有自然资源优势，也无政策偏爱，再加上“散装”的格局，当代泉州必须自谋出路。而在这样的基础之下，改革开放后的泉州迅速进化成民营经济重镇。21 世纪的前 20 年里它始终位列福建省 GDP 第一。

这样一座泉州，经常被人评价为“农村不像农村、城市不像城市”。20 世纪 90 年代初从北京去晋江调研的学者，曾惊讶于这个县城里的电视机和收音机普及率竟高于北京、上海；2021 年泉州因申遗成功成为网红旅游地被全国关注后，“万亿城市没有地铁”又一度成为热门话题。

所以，当代泉州是如何赚到钱？与其他在改革开放和“中国制造”大背景下发展起来的中国城市不同，在泉州，以传统制造业汇聚而成的民营经济，起点更高、步子更大，与此同时，路径依赖所造成的局限性也更为明显。

text
/
赵蓉
杨舒涵

比起直接按汇率换汇寄钱，用外汇从境外购物邮到国内销售所获收益更高。

得益于来自海外侨亲的信息与资源，泉州人经商的“资源禀赋”在任何一个历史时期都能凸显。1949 年以后，泉州因其长期以来作为海防前线的特殊地理位置，工农业的基础都相当薄弱。来自侨亲的“接济”成了泉州发展商品经济的最初动力。

泉州起步最早、规模最大的石狮商品市场就脱胎于海外亲戚寄回的时髦衣服和新潮物件。20 世纪 70 年代起，在东南亚经济腾飞的大背景下，海外华侨经济情况大大改善，本地侨眷的购买力和生活消费水平也随之提升。据统计，当时每年寄往石狮镇的侨物就超过 10 万包，包括衣服、日用品、小家电等。当地人很快发现，比起直接按汇率换汇寄钱，用外汇从境外购物邮到国内销售所获收益更高，于是大量侨货、港货源源涌入石狮。

到 1987 年，每天约有 3 万人从全国各地涌入石狮的“小洋货市场”采购，人数相当于石狮镇本地人口的三分之一。当地人抓住服装仿制这一主流，以前店后厂的方式迅速形成了服装辅料加工生产的特色产业链。进而在之后整个中国服装制造业承接亚洲产业转移的大背景下，迅速衍化出涵盖化纤生产、漂染、纺织、成衣加工、辅料生产、市场集散销售这样一条成熟的产业链。

来自海外侨亲的“先进”信息与资源，还体现在更多先进的设备、技术、经营管理和市场观念上。而当东莞、温州、莆田的同行还在埋头裁衣造鞋时，泉州的“鞋服老板”们已经领会到广告和品牌的威力，这是另一个泉州的创业故事。

随着资源、经验和信息从海外源源不断地汇来，“先进”的观念似乎也第一时间传导到了新经济活动中的每一个角色，并加速了当地原有观念的转变。例如当地政府所扮演的角色，曾一定程度上帮助促进了民营经济的快速发展。

改革开放初期，乡镇企业是改革的一大重心，苏南地区的村民指望的是一个有能力的“镇长”带头，以乡镇集体为单位共同致富；而晋江则创造了“联户集资"办乡镇企业的形式。1978 年，陈埭镇申请了 20 张集体企业的牌照，下设 190 多家独立核算、自负盈亏的"联户集资"企业，账户由镇代管，提取管理费。这些机制的设立，相当于在集体企业的"壳子"下，以所有权和经营权相结合的形式，发展真正意义上的民营经济。1980 年，晋江地区首先出台了"五个允许"政策（允许集资、允许雇工、允许分红、允许价格随行就市、允许供销人员拿提成），在计划经济的体制下引进市场调节机制。

长期从事中国农村问题研究的社会学家陆学艺在研究报告中用"在全国没有先例的情况下，以极大的勇气和非凡的魄力"评价了当地政府这一举措，称其做出了一次政策性突破。

这里的人们似乎总是"敢为天下先"。1992 年起，泉州籍新加坡商人黄鸿年推动旗下香港中策投资有限公司与泉州市国有资产经营公司签订合资合同，一揽子收购了泉州市 37 家市直属国有工业企业，并成立泉州中侨股份

泉州市各地支柱产业分布

泉州市下辖区域	主导产业集群	代表性企业
晋江市	运动鞋服/纺织服装	安踏、361 度、中乔体育、百宏聚纤、七匹狼、特步、利郎
石狮市	纺织服装	富贵鸟、卡宾服饰、鹏泰服饰
南安市	建材家居/水暖卫浴	九牧集团、申鹭达、中宇厨卫
惠安县	石化/食品	达利食品、中化泉州石化
安溪县	工艺制品/茶叶加工	八马茶业
德化县	工艺陶瓷	顺美集团、龙鹏集团、佳美集团
泉港区	石油化工	福建联合石化
鲤城区	纺织服装/电子信息	火炬电子、海天材料科技、鸿荣轻工、鸿星尔克
丰泽区	机械装备/机械汽配/电子通信	匹克、南方路机、南威软件、蓝深环保
洛江区	智能装备	维盾电气、西人马联合测控、凹凸精密机械
泉州经济技术开发区	电子信息/纺织鞋服/机械装备	锐驰电子、艺达电驱动
泉州台商投资区	智能装备/新材料/电子信息/医疗器械	嘉德利电子、力达机电、福建宏远

资料来源：根据公开资料整理。

有限公司，在中国内地首开利用外资成批改造国有企业的先河，一度在国内外引起广泛的争议，时称“中策现象”。另一个例子是 1995 年建成的泉州刺桐大桥，是中国内地首例以国际通行的 BOT 方式（建设—经营—移交）运作的项目，开创了民营资本投资国家基础设施的先河。

根据 2020 年的数据，在全国经济总量前 20 的城市中，泉州民营经济占比最高，达到 81.5%。这里有九个年产值超过一千亿元的产业——纺织服装、鞋业、建材家居、石油化工、机械装备、食品饮料、工艺制品、电子信息、纸业印刷——它们分布于泉州互不交叠的各区域，贡献了泉州超过 80% 的财政收入和 95% 以上的就业岗位，也因此形成了泉州“强县弱市”的格局。

所以，泉州人是怎么赚到更多钱的？在泉州人自己的视角里，这不是一个特定历史背景下的产业或宏观经济问题，而是关于当地人长久以来的世俗信仰、生活追求以及身份认同。

在泉州的财富故事里，你很容易发现同行之间的激烈竞争，随着生意的扩张或变化，身份的变化可能随时发生：打杂学徒会因为钻研技术而变成带头师傅，老板会因为决策失误输掉家底而变成他厂工人，司机能靠商业嗅觉成为业务员，父亲会变成供应商，舅舅也会因为公司上市而被请出董事会。

另一方面，在这个家族纽带织就的熟人社会，人们总会先入为主地认为“先有人情再有生意”，但这里主流的价值认同仍是“勤劳和信誉”。一个略有些敏感的事实是，时至今日，“双休”制仍未在泉州的企业中普及。有的泉州人认同这种风气，他们会直白地告诉你，倘若他们憧憬“双休”，那便是思想中的“原罪”——努力奋斗、有所作为才能得到周遭赞许。

对这样的泉州人而言，“要拼要赢”可能被刻在他们的基因里。毕竟 1700 多年前，不想“听天由命”而选择“衣冠南渡”的先祖长途跋涉来到东南沿海拓殖边陲地带，这才有了泉州；接下来，本地资源始终稀缺的自然环境，又让他们的“忧患意识”深深扎根；此后多年，转向海洋贸易的探索一代更让他们接受了“高收益来自高风险”的价值取向——因为代价可能是生命，所以回报必须足够高价；最终，他们形成了将经济效益列于首位的价值追求，反过来又以经济地位来影响社会结构和形成身份认同。

“赚到大钱”的泉州人，也的确凭借自身的经济实力，在当下的城市发展脉络里赢得了更有力的话语权。比如当民间信仰与城市格局的翻新改造出现矛盾时，鉴于此地祖先崇拜由来已久、宗族观念浓厚这一传统民俗，政府把附近村子的祖厝、宫庙和宗祠集中迁移到一处，构建了集中保留区，从而不干扰村民举行各类信俗和祭祖活动。2005 年晋江市开展老城区基建改造后迁建而成的青阳民俗街，就是具有代表性的例子。而后，附近的五店市区域在城市翻新过程中，也集中保留了 100 多栋闽南古建筑。当那些在北方大院长大、被产业单位编制框定身份的人来到泉州，看到红砖古厝、出砖入石、飞檐翘角的家祠宫庙，听闻这些故事，或许会对这里响亮的民间话语权也心生羡慕。

当然，从城市发展的叙事角度看，如此成长起来的泉州如今也面临瓶颈。自 2021 年起，泉州福建省 GDP 第一的位置已经被福州取代。对此，最常见的归因是产业。福州在电子信息、化工新材料等领域实力强劲，而泉州的优势仍停留在纺织鞋服、建材家居等传统制造业。

另一个归因则是城市的规模，不少泉州出身的大品牌，如今产品产地仍在泉州，而总部已在厦门。相比之下，这些相邻的大城市在城市基础设施和公共服务上，显示出了更强的系统规划和资源投入能力。而“地级市泉州”在这方面既资源有限，又投入不足。这也使得泉州企业规模壮大后，把产业链上的中高价值环节转向提供更多优惠政策的厦门，以吸引高端人才，同时提升资本效益。

不论是城市能级还是产业定位，泉州人对此心知肚明。“泉州人从纺织服装、鞋业、食品等传统产业起步，这些产业虽然技术含量不高且对成本敏感，面临着产业外溢到东南亚的情况……”2023 年 8 月《福建日报》刊登了一篇名为《泉州：传统产业加快转型》的报道：“……但是泉州人通过不断的努力和创新，加快传统产业的转型，以适应全球化和信息化的发展趋势。”

从小听着祖辈“下南洋、赚大钱”故事长大的泉州人明白，“野蛮生长”的时代过去以后，“不管是纸片、鞋片、布片、薯片还是芯片”，只有在过去的这一片片生意上发展出核心技术，形成不可替代的竞争力和市场优势，泉州才能赚到新的钱。

这里的人们似乎总是“敢为天下先”。

泉州鞋服产业往事

或许你脚下的运动鞋早就来自泉州了。

如果要把这些鞋的产地定位缩得更精确一些，它很可能是泉州湾西侧的陈埭镇。从泉州晋江国际机场出发，向东北方向行驶约 5 公里，就能到达陈埭镇的第一代鞋材市场。近 600 家鞋材店铺遍布在呈“井”字形的4条街道两边，陈埭镇人民政府也在其中一条路边。镇政府二楼悬挂着一面 40 年前来自福建省人民政府的锦旗，红底黄色的七个大字“乡镇企业一枝花”，同时标记出了 1984 年这个值得留下印迹的年份——这一年，陈埭镇成了福建省第一个“亿元镇”，而这是一块仅占泉州总面积 0.35% 的土地。

在 20 世纪 90 年代办厂制鞋的巅峰时期，这里“家家制鞋、处处建厂”，每一寸土地和空气都沾染着来自鞋胶鞋材的颗粒与气息。更重要的是，这些野蛮生长的乡镇企业并非昙花一现，时至今日，陈埭镇仍聚集着超过 4000 家制鞋及配套企业，年产运动鞋 16 亿双，被称为“中国鞋都”。更为人熟知的是那些品牌——安踏、特步、361 度、乔丹、鸿星尔克、贵人鸟、匹克，它们生于草莽，融汇成河流，从泉州出发，流向中国乃至全球。

1979 年，陈埭镇农民林土秋召集同村及香港、菲律宾的堂亲共 14 人，共同出资 10.8 万元，创办“洋埭服装鞋帽厂”，厂房就在林土秋自己家里。不久后，听闻从这间石头墙琉璃瓦小作坊中制作出来的皮鞋“做多少卖多少”，陈埭镇的其他村民开始竞相在家中闲房里支起类似的营生——在侨乡泉州，“闲人”们只要有心张罗，在家族亲友关系盘错的小村子里东凑西借或是联络侨亲汇来“闲钱”，总能拿出点启动资金。

“输人不输阵”“爱拼才会赢”，在 20 世纪 80 年代陈埭镇制鞋的“第一赛段”，心气和干劲是比启动资金更强力的燃料。

2024 年 8 月 22 日，工人在位于福建晋江的特步集团运动鞋生产线上赶制出口订单。

1983 年，22 岁的溪边村民丁明亮以仅有的 150 元带着两个弟弟开了一家制鞋作坊。同一年，受到儿时玩伴丁和木办鞋厂——岸兜第一皮塑厂，以所在的村子命名——赚到大钱的触动，年过四十的丁建通把四名在其他鞋厂做工的儿女召回家中，把床板改为操作台，做起手工皮鞋。这些家庭作坊每天只能生产五六双皮鞋，但送去邻近的石狮服装批发市场竟十分畅销。这两位丁姓创业者后来把自家生产的运动鞋品牌分别取名为“德尔惠”和“361 度”，那已经是十多年后的事了。

相似的创业故事在左邻右舍中不断复制，让陈埭镇镇民意识到鞋服是个起步门槛不高但能快速赚钱的门路。到 1984 年，陈埭镇的鞋类企业已经超过 700 家，上缴地方的税收达到 459 万元。

text
/
赵蓉
杨舒涵

photo
/
新华社

制鞋的财富在泉州快速汇聚，得益于 20 世纪 80 年代海峡对岸的产业转移。此前十多年，台湾地区的制鞋业与纺织、电子等产业一起创造了经济的高速增长，全球品牌鞋的生产和贸易也汇聚台湾。随之而来的是产业升级和成本上升，鞋服产业开始寻求更廉价的劳动力，素有人员贸易往来又地域相近的泉州、莆田以及广东沿海的东莞等地率先获得青睐。

面对“做代工、做贴牌”的需求，来料加工、来样加工、来件装配和补偿贸易成了这些地区通行的商业模式。

与此同时，陈埭镇以外的泉州其他地区，得益于石狮市服饰市场的自由繁荣，服装加工行当更为兴盛。在晋江英林镇，46 岁的洪肇明在生日当天拆下家中两块门板作为裁床，与裁缝弟弟开始了服装加工，四年后又在自家房门前挂上了佳丽服装厂的门牌。晋江青阳镇，25 岁的王良星用 1 万元积蓄买了几台缝纫机，雇用了 7 个帮工，在自家的老房子里加工起了服装，收入

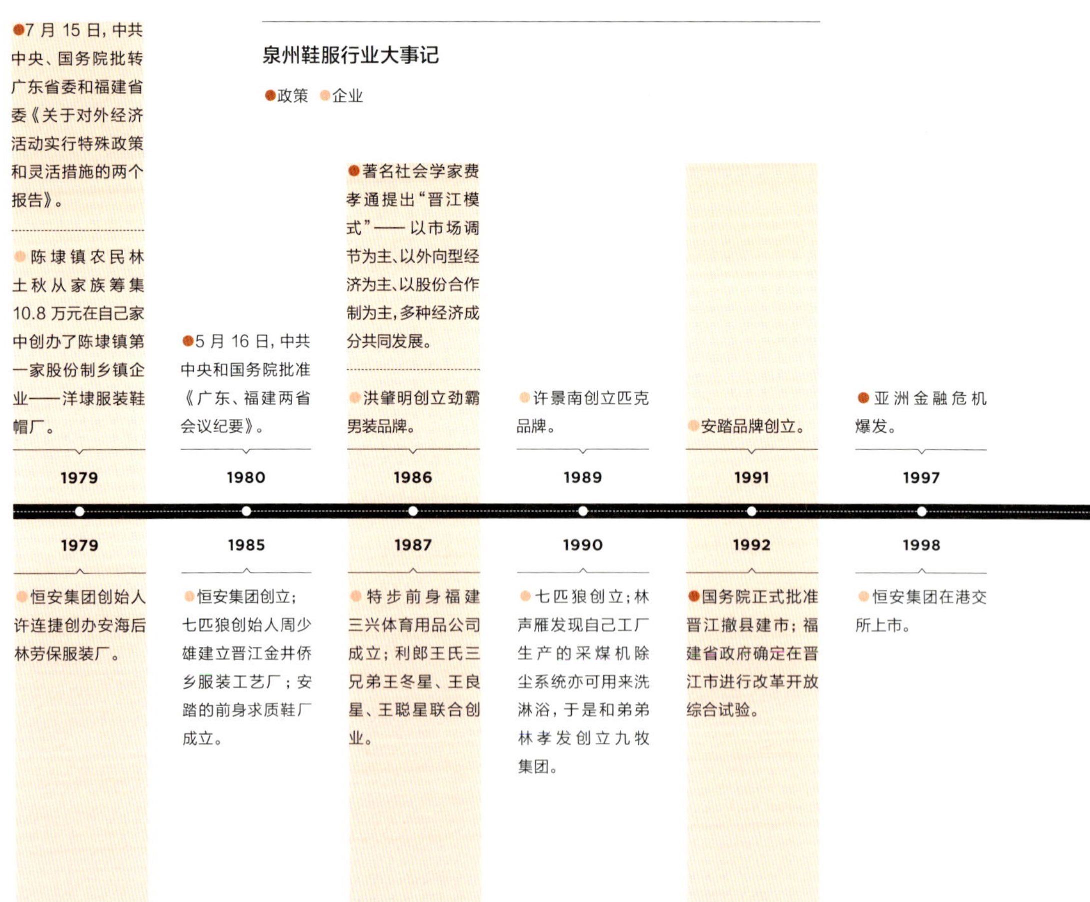

从第一年的 18 万元 到第二年 88 万元，心情“一时呆了，全家人都几乎睡不着”。晋江金井镇，20 岁的新华书店员工周少雄辞职开办了金井侨乡服装工艺厂，先做服装贸易，后又叫上了自己的两名兄弟及四位同学好友办起了侨乡服装工艺厂，七个人一起做面料生意。这是劲霸男装、利郎西服和七匹狼夹克的前传。

乐观的情绪和鞋材挥发出的气味交织着，弥漫在陈埭镇的上空。刺激人们神经的不只有空气里的味道，还有口耳相传的生意门道；敲打在脑海边的也不只有钉鞋时的捶打声，还有发自内心的默喊：“时不我待！”

1992 年，陈埭镇工农业总产值超 7.3 亿元，其中 6.9 亿元来自乡镇企业产值，鞋类制造又占其中的 80%。这一年进入陈埭民族中学的学生常常透过教室窗户见到河边燃烧鞋材废料所掀起的浓烟，而身边的同学有时“消失”得比这些浓烟更快——初一年级的 10 个班，第二年变成了 8 个班，到初三

乐观的情绪
和鞋材挥发出的气味交织着，
弥漫在陈埭镇的上空。

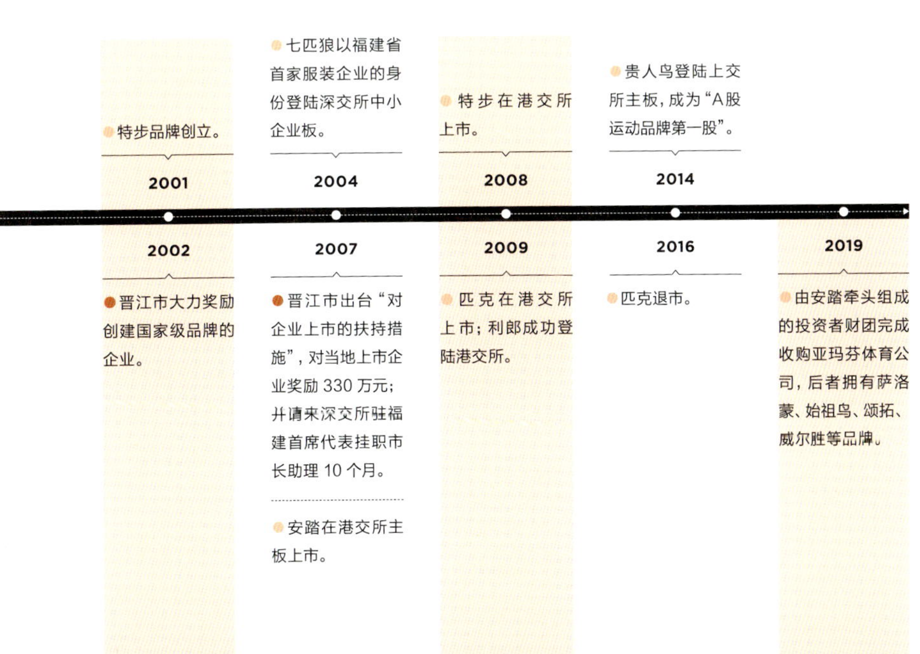

资料来源：
根据公开资料整理。

从这一时期起，央视体育频道在民间有了“晋江频道”的美称。

那年只剩下 5 个班。同学们都“溜”了，溜去了乡邻家的鞋厂里。学校索性联合镇上的鞋企办起了职高培训班，教制鞋工艺和财务管理。

这群学生当中最知名的两位学长，比他们才大不到十岁，在当年已经堪称风云人物：1987 年，从学校毕业刚两年的丁水波用在鞋厂做学徒积攒的 500 元钱，加上两位结拜兄弟每人出资的 500 元，在村边小河旁搭起窝棚造拖鞋。短短几年，不断扩厂，行销国内外。1992 年，随着把鞋卖到俄罗斯，他的三兴鞋厂成为泉州第一家做外贸赚钱的鞋企，于 2001 年创立特步品牌之前，泉州地区有 45 家工厂给他代工，产品发往全球 40 多个国家地区，是当时中国在海外销量最大、名声最响的鞋业公司。

另一位同期毕业的学长丁世忠，此时最知名的业绩还不是创立了后来市值一度位居全球运动品牌第二的“安踏”，而是带着 600 双陈埭产的“旅游鞋”北上推销，直到攻克了旗舰百货商场北京王府井后凯旋。自 1988 年起，他去外省推销四年，售出货值超过 560 万元，缴税超过 100 万元。在他“推销冠军”头衔的背后，是整个陈埭镇多达 2500 人规模的推销员队伍。他们征战全国各大百货商场，带回全年 3.7 亿元的销售额。

1992 年，在泉州注册的乡镇企业超过 7 万家，鞋服之外，拉链、化纤面料等配套产业也相应壮大。他们的贸易伙伴遍布世界 100 多个国家地区，出口商品总值超 20 亿元。

值得一提的是，在充满企图心的晋江鞋服品牌井喷时代，恒安集团是一个特例。它的创始人、后来被视作闽南企业家“教父级”人物的许连捷，几乎最先从鞋服行当退圈。20 世纪 80 年代初，许连捷在安海镇靠着服装厂、拉链厂赚到第一桶金的故事，粗略一看与陈埭镇早年致富经如出一辙。虽然给香港做来料加工的服装厂业务利润可观，但他眼见整个泉州家家户户都

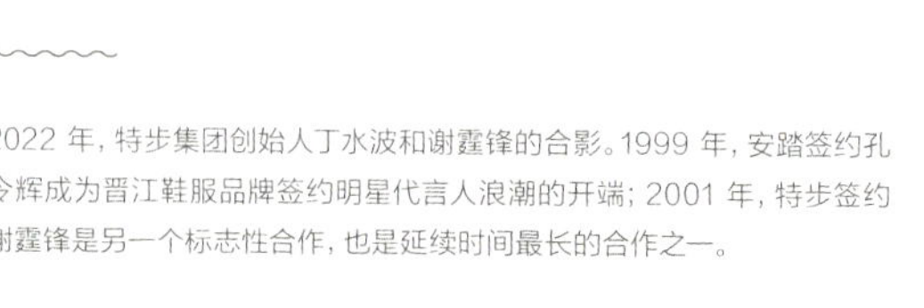

2022 年，特步集团创始人丁水波和谢霆锋的合影。1999 年，安踏签约孔令辉成为晋江鞋服品牌签约明星代言人浪潮的开端；2001 年，特步签约谢霆锋是另一个标志性合作，也是延续时间最长的合作之一。

是小规模的鞋服厂，互相竞争激烈，“服装加工的利润今后会越变越薄”。1984 年底，在得到镇上机器厂技术员拿来的香港卫生巾设备说明书后，他决心全面投入制造当时在中国大陆地区还无人熟悉的卫生巾——那个他眼中巨大且空白的市场，进而进入经营日用品制造业，先后造出了安尔乐、心相印、七度空间等品牌。

恒安集团的转型不无道理，放眼当时的东南沿海，泉州鞋服企业相比福建省内的莆田，还有广东、浙江的同类公司并无明显优势。真正让泉州鞋服产业与同行拉开差距的，是进入 21 世纪后的“造牌运动”。

以人们公认的打响了泉州鞋服“造牌运动”第一枪的安踏为例，在建立品牌之前，它正处于尴尬的市场地位。尽管 1999 年已在全国拥有了约 2000 家经销商专营店，但其知名度与国际品牌耐克、阿迪达斯无法相提并论，销售规模更不及行业龙头李宁和常年赞助男篮冠军八一男篮队的匹克——前者是中国最具知名度的奥运冠军以自己名字命名的品牌，从 1990 年举国瞩目的北京亚运会就开始大量曝光，成为全国品牌；后者的制造厂前身则是耐克的代工厂，接手人许景南以高薪留下耐克的大部分技术人员及熟练工人。

与此同时，1997 年爆发的亚洲金融危机也冲击了鞋服代工行业。创伤尚未愈合，陈埭镇诸多做代工起家的“丁老板们”承受了不小的压力。

戏剧性的局面扭转出现在 1999 年，丁世忠花了 80 万元签下孔令辉为安踏代言人，紧接着又花了 300 万在央视的黄金时段打广告。两个数字可以说明这个决策的风险：那一年安踏营收 3000 万元，净利润才 400 万元，也就是说，安踏把当年所有的利润投入这场营销活动中。家族会议上，丁世忠力排众议才让这场豪赌执行下去。第二年，孔令辉在悉尼奥运会上夺金，曝光率大升，安踏的经销商订单也随之暴增——那个年代，鞋服销售终端还依赖于全国的代理经销网络，“好卖”的产品能吸引到更多代理终端。在央视上反复播出的孔令辉的广告打开了安踏的市场知名度，安踏的销售额突破 3 亿元，十倍于上一年。

新的共识再度产生，目睹安踏凭借“明星+央视”的模式取得成功后，晋江瞬间涌现出 1400 多个“品牌”。

“外销大王”丁水波之前多年以三兴鞋业在全球外贸销售领先而闻名行业，2001 年，他新注册了特步品牌，请来谢霆锋代言。匹克在 2002 年签下篮球名将刘玉栋，并从赞助单支球队升级赞助 CBA 联赛，进而又赞助中国篮球五大赛事。

迅速地仿效、充分地竞争——这似乎与十几年前办厂打市场时的策略并无区别。泉州

泉州出身的企业

行业领域	企业名称	创始人	创立时间
运动鞋服	德尔惠	丁明亮	1983
运动鞋服	鳄莱特	林土秋	1983
纺织服装	九牧王	林聪颖	1989
运动鞋服	特步	丁水波	1987
运动鞋服	贵人鸟	林天福	1987
运动鞋服	匹克	许景南	1989
运动鞋服	安踏	丁世忠	1991
运动鞋服	金莱克	丁志德	1991
运动鞋服	鸿星尔克	吴汉杰	1992
运动鞋服	喜得龙	林水盘	1992
运动鞋服	361度	丁建通	1983
鞋服	劲霸男装	洪肇明	1980
鞋服	利郎	王冬星	1984
鞋服	富贵鸟	林和平	1991
食品饮料	达利食品	许世辉	1989
食品饮料	蜡笔小新	郑育龙家族	2000
卫生用品	恒安集团	施文博、许连捷	1985
卫浴	九牧集团	林孝发	1990
化工	百宏聚纤	施天佑、张胜柏	2003
电子科技	火炬电子	蔡明通	2007
机械制造	因立夫	黄文灶	2016

注：各企业成立时间均以创始人成立企业的时间为准，不以品牌成立的时间为准。

资料来源：根据公开资料整理。

鞋服圈开始争抢有曝光度的知名运动员和演艺明星，挥金赞助大型赛事，还要争抢当时最主流电视频道的广告资源位。

比如金莱克请女乒冠军王楠代言，喜得龙就签下中国乒乓球队教练蔡振华；德尔惠请吴奇隆、周杰伦，贵人鸟就签下刘德华，再赞助湖南卫视热门综艺《快乐男声》。劲霸男装花费不到 1000 万元投放 2002 年韩日世界杯期间的央视广告。陈道明代言的利郎西服广告，和当年热播的《康熙王朝》一起在电视上创下收视率新高。到 2003 年，30 多个明星代言的鞋服品牌广告在 CCTV-5 轮番“轰炸”，从这一时期起，央视体育频道在民间有了“晋江频道”的笑称。

鞋服圈的“造牌运动”充分展现了拼搏精神与经济理性的对峙，让胆量也成为做生意时的一种比较优势。

2003 年，已经举办 4 届的晋江鞋博会正式升格为国家级的行业展会。当全国的电视观众还在央视广告上辨认泉州鞋服品牌时，全国的代理商、经销商早已纷至沓来。仅在晋江，全年各类订货会就多达近 600 场。这些订货会早期还办在鞋服企业总部厂区，很快就转移到了周边的星级大酒店。代言明星有时亲临现场增添气氛，场面热烈，那是在代理商面前增添的“面子”。

“求货”的人来得多，“做货”的人需求量也随之增加。那些流转于广东同类工厂的务工者来到泉州后发现，这里不但收入更高，一年中没活干的天数也更少，甚至在刚到达目的地时就可能会被“截和”送往另一家工资更高的工厂。2006 年，陈埭镇本地人口 7.6 万人，外来务工人口超过 30 万人。

这些外来者一年到头于泉州鞋服工厂之间往来，他们使车站繁忙，让夜宵摊兴旺，还推动本地人急忙加盖自家楼房用以出租。从晋江国际机场到升级扩容为“中国鞋都”的鞋材市场，随处弥漫着乐观情绪。

拥有了属于自己的知名品牌，泉州鞋服老板们摆脱了家庭和家族最初的生存问题，却不得不又立即应对全然有别于以往的全新压力——来自更复杂的市场格局、利益博弈和观念转变。

一方面，自中国加入 WTO，全世界的同类产品进入大众视野，市场环境已由 20 世纪 90 年代稀缺经济下的卖方市场转变为充分竞争的买方市场，“不是你想拿多少货，而是我愿意给你多少货”那样的好日子一去不复返；

当初在侨乡泉州办厂起步时所具备的信息优势和政策优势也已被消耗殆尽。在利用信息沟壑就可以制造财富的年代，领先国内的经营理念、生产设备以及材料和订单，曾经被源源不断地“进口”回泉州，以海外亲戚名义投资办厂还能获取“三资企业”优惠政策。

在庞大的家业面前，企业管理复杂度也直接“升维”。要管理工人们裁衣片、缝鞋面……并及时收回货款，过去这类工作的最佳人选一定是最可信赖的家族亲友，可如今从扩产扩规模转向开始比拼“品牌”以后，来自宗族的家人们已很难胜任专业化的市场营销、设计研发和资本运营。**明晰产权、“化解和转嫁家族企业的内部矛盾”，从原始的家族运营转向现代企业制度，是晋江鞋服企业普遍面临的关卡。**与此同时，民间融资盛行背景下，产业链利益纠葛所导致的资金困境也如一颗隐雷。

千头万绪的解决思路都指向了同一个方案：改制上市。

2005 年，鸿星尔克在新加坡上市，募集资金约合人民币 2 亿元，也成为国内第一家在海外上市的运动品牌。这个在当时仅成立五年的品牌和它的掌舵人一样年轻。而立之年的吴荣光改写了父辈家族十数年的供应鞋材、代工制造的历史。上市三年后，鸿星尔克门店数量扩张到了 7000 多家，进入行业前五；营收也在三年间从不到 9 亿元快速升至近 29 亿元。

资本与政策的助推也将热闹非凡的“造牌运动”推向了更激进的上市冲刺赛。这是野蛮生长的家族生意自“家家制鞋、处处建厂”阶段以来，又一次全方位地集结资源、迅速动员。

2007 年，安踏只花了一年的准备期就成功登陆港交所；
2008 年 6 月，特步在港交所上市；
2009 年 6 月，361 度在港交所上市；
2009 年 9 月，匹克在港交所上市。

有趣的是，就像过去在市场上的你争我夺一样，在上市的名号上，晋江企业也要“不输阵”。

2004 年，七匹狼在深交所中小板上市，是“国内首家上市的男装品牌”。2009 年，利郎在港交所上市，是“国内首家在香港上市的男装品牌”。贵人鸟于 2014 年登陆上交所主板，成为“A 股运动品牌第一股”。

得益于能做整个鞋服行业的生意，纺织面料和配件行业的凤竹纺织、浔兴拉链和百宏实业等头部企业也先后于 2004 年至 2011 年间陆续上市。

这场上市冲刺赛，日后逐渐演变成罗生门式的故事。在大部头的政府工作报告中，上市融资是这些企业得以快速提升产能、拓展渠道、扩大品牌影响力的制胜法宝，也是地方经济工作拿出亮眼成绩单的重要抓手。2007年，晋江市出台“对企业上市的扶持措施”，一家上市成功的企业能在财政、税收、用地等多方面获得多达 330 万元的奖励和补助。

当地政府聘请了经济学家吴晓求及国家发改委领导等人设立晋江企业上市专家顾问组，甚至请来深交所驻福建首席代表兰邦华来挂职市长助理 10 个月。“纺织服饰板块上市头部企业 16 家，运动鞋服产业上市头部企业 7 家……推动了泉州市民营企业发展的进程。”“（2015 年）在晋江，上市公司、上市后备企业纳税总额占财政收入近 30%，增量曾占全市财政收入增量 60% 以上。”

然而，在财经记者的调查报道中，“扎堆上市”的原因也不乏攀比和盲目跟风。除了头部品牌在港交所、深交所和上证所陆续上市之外，有不少中小型公司选择在新加坡、马来西亚、韩国、英国、德国、澳大利亚、加拿大等比较偏门的交易所上市，这些地区相对而言上市程序简单、不需排队、费用还低。不过，“市值、成交量双低”的市场表现也不尽如人意，更有供应商在对簿公堂时直呼：“搞不懂！一家欧洲上市的企业，欠我 21 万的货款还不起？”再比如仅限于当事人才能知晓实情的财务造假、资本腾挪、借壳圈钱以及家族成员间的股权争端。

更多秘而不宣的上市故事在旁观者和参与者的议论中勾勒出轮廓，比如国内外投行、PE、律所、会计师事务所等上市中介如何蜂拥而至；海外各大证券交易所的高层如何积极往来泉州充当推销专员；互相熟识的老板如何在吃茶喝酒时就共享了同一位操盘上市的 CFO……这些议论后来被传播到了社交平台上，经自媒体账号的层层演绎而被人们探知。

到了 2012 年，故事线陡然逆转，全面爆发的运动鞋服行业库存危机盖过了上市的纷扰。“万店计划”曾作为泉州头部鞋服品牌们的共识，被写进了一份份上市筹备资料里。从品牌造势，到融资扩张，乐观的情绪在 2008 年北京奥运会后攀至巅峰。安踏、361 度、特步、匹克的销售终端在 2012 年前均达到了近 8000 家门店的规模。产业链上下游及行业其他中小玩家也顺势开足生产线马力，盲目坚信市场需求会持续高涨，以至于过度自信地扩大产能。但在此之后，整个运动服饰行业经历了一场从上至下的寒冬。

“好运歹运，总嘛要照起工来行。”

福建晋江一鞋材工厂花园鞋自动打孔生产线。在"晋江品牌"把更多职能搬到大城市后，晋江本地正在通过技术升级等方式重新挖掘鞋服产业链的价值。

处理库存问题的速度，加速了他们在资本市场上的分化，也某种程度上决定了日后的行业地位。被业内人士认为市场敏锐度更高的外资品牌耐克、阿迪达斯早在几年前就开始采取行动消化库存，比如下沉到原属于国产运动品牌重镇的二三线市场。当安踏、李宁率先通过渠道变革和品牌转型走出困局时，大批品牌却每况愈下。

没能撑过这场残酷淘汰赛的，等待他们的命运通常是退市或者破产。2011年鸿星尔克因财务造假被停牌，整改谋求复牌始终未果，最终于 2020 年正式从新加坡退市。特步陷入长达 6 年的停滞状态。匹克坚持到 2016 年也选择了退市。喜得龙和富贵鸟的境遇相似，由于业绩下滑、资金紧张，分别从纳斯达克和港交所退市后，最终公司宣告破产。贵人鸟上市时，市值远超当时的 361 度、特步等同行，三年后陷入连年亏损，2021 年结束破产清算，从鞋服业务转向粮食贸易，并最终摘牌退市。曾经在与安踏争夺周杰伦代言时"胜出"的德尔惠，从 2007 年开始转战多地寻求上市始终未果，最终也从负债停业走向了破产，被认为是在"盲目扩张和产能过剩的大背景下，更早陷入绝境"。和安踏曾拥有共同起点的乔丹体育，原本在 2011 年可能有机会拿到"A 股上市运动品牌第一股"的头衔，却也正因为谋求上市而陷入了长达十多年的商标诉讼案，改名中乔体育，直到 2024 年最终终止了上市进程。

而从陈埭镇走出的尖子生安踏在这场洗牌中生存下来，愈发壮大，并通过

收购站上全球舞台。它先后将意大利体育品牌斐乐、加拿大户外运动品牌始祖鸟、法国越野跑鞋品牌萨洛蒙等优质资产收入囊中，在 2022 年以 536.5 亿元的营收成绩单，首次超过耐克中国，问鼎中国运动鞋服行业第一，以市值来计，更是在全球范围内与耐克、阿迪达斯和 lululemon 竞争行业前三。

如今，安踏和中乔体育如巨型钢铁方盒般的崭新仓储物流园区，并列矗立在陈埭镇曾经“围海筑埭”而成的水泥地上，面前就是泉州湾。

一切的起点陈埭镇，在声势浩大的去库存行动中也经历巨变，不少仍在此地的中小工厂已经由于资金链等原因被迫关闭。从皮革材质，再到网面丝线，乃至鞋带鞋钉等辅料，鞋都路上的采买热度降温，鞋材市场出入口难得畅通。上一轮如此大规模的竞争洗牌还是 1997 年之后，不少中小鞋服厂长期只经营贴牌加工业务，在亚洲金融危机中被席卷消殆。

曾经，陈埭镇四境鞋材一条街入口，钟楼飞马装饰的气派西式隘门矗立，附近大楼上整片醒目的广告墙，如今连带着“陈埭中国鞋业材料市场”门牌早已不见踪影。当初有实力在此处打广告的厂商品牌，或倒闭消失，或扩张迁移。新的商业晴雨表可能正以企业总部大楼的形式，矗立在厦门观音山商务区。而这似乎也是产业发展的时代轮回。

为了吸纳高端人才，有泉州本地品牌开始将营销总部设在厦门、上海等地；随着劳动力成本的逐年提升，部分品牌也在将制造环节外迁，在内陆寻找人力成本低洼区开设新工厂，甚至远走东南亚。

早在 2013 年，泉州市政府已邀请时任中国工程院院长的周济，通过分析台湾纺织鞋服行业的升级，为泉州的产业升级提供借鉴。在经过多方调研后，陈埭镇政府决定重点将鞋类的原材料销售留在这里。

2017 年，由晋江市政府和国企出资，总投资额 80 亿元的“新鞋都”晋江国际鞋纺城开始营业，总规划面积是“旧鞋都”的近 40 倍，由有义乌国际小商品市场管理经验的团队负责运营。他们希望“无论工厂搬得多远，最后还是要回到陈埭镇来采购”。

2022 年，经受国内外市场变动的多重冲击，泉州纺织、鞋服产业逆势增长，鞋服产业产值首次突破 3000 亿元规模，纺织行业产值持续保持超千亿元规模，成为泉州经济的重要支柱。这一年，国际鞋纺城的全年市场交易额达到 500 亿元，其中出口货值约 247 亿元。

“爱拼才会赢，七分靠打拼，三分天注定”——没有人会将这句歌词这么倒着唱，这不符合旋律的走向，也不符合闽南人的思维逻辑。归咎于时代起落的宿命论不是答案，“好运歹运，总嘛要照起工来行”（闽南语，意为：无论是好运还是坏运，都还是要行动起来）。

陈埭镇从滩涂渔村蜕变成制鞋重镇经历了 40 多年，那些参与者在此“经济垦荒”的经历也延续了两代人。“创始人”们大多行动一致，逐渐退居幕后，在诸如总裁、总经理的头衔下换上子女的名字。产业工人们的选择则不尽相同，一些人带着满足或是遗憾离开了，一些人凭着积累的经验开创了自己的事业，还有一些继续从事着和十几年前别无二致的车缝工作。他们的子女，一部分也选择了留在泉州的鞋服产业里。当新兴的创富机会再次出现，尽管竞争激烈，其中还是有不少人选择了门槛不高但又颇具吸引力的直播电商——不管未来怎样，现在他们笃信自己能拼搏出一席之位。

簪花成了一种外面人来到泉州的重要“仪式”

去簪花的故乡蟳埔看看吧，它是传统，也是生意

© 刘树奎

text / 励蔚轩

photo / 刘树奎

从簪花到符号

在泉州晋江入海口附近的小渔村蟳埔，美名为“头顶花园”的簪花围，既是代代相传的非物质文化遗产，也是一门应时而动的生意。

蟳埔女自幼开始蓄发，将长发盘于脑后，系上红头绳，梳成圆髻，再插上一根“骨髻”（又称“象牙筷”），这样的发式干净利落，方便她们下海劳作。她们戴着竹编斗笠，遮挡阳光和雨水，横插的筷子刚好可以支撑和固定，免得竹笠被风吹落。

以鲜花簪首作为一种民俗，早在汉代就已出现。当时人们所簪之花多随时令而变，蟳埔人常用含笑、茉莉、素馨、粗糠等花卉。这些品种据传来自南宋

1—2 耄耋之年的黄丽卿阿嬷，在蟳埔村土生土长。在她成长的年代，蚵壳厝（2）曾是这片民居的主流形态，但如今已经渐渐变少了。

1 2

时阿拉伯人蒲寿庚建在附近的私家别墅“云麓花园”，由西域舶来，受当地人喜爱。

“以花代礼”的礼俗，曾在村子里广为流传。谁家有满月、婚事、大寿等喜事，主人家就要准备足够的簪花，与请帖等放在一起，挨家挨户地送给要宴请的宾客，送花的数量根据亲疏关系来定。待到吉日当天，蟳埔女会在发髻周围一环一环地戴上收到的簪花，去主人家庆贺。

以前，同村嫁娶最多，村里人多少有些亲缘关系，仪式场合并不少，再加上春节、清明、端午、中秋等重大节日，人们三天两头有花戴，簪花成了基本功。女人嫁出去，便逐渐把簪花带到了周边金崎、后埔、东梅几个村子。

不过，在蟳埔女服饰代表性传承人黄晨的印象中，这些传统消失过一段时期。“‘文革’时，讲‘破除封建迷信’，不让大家簪花了。后来改革开放了，大家又讲时髦、赶新潮，传统的衣服也没人穿了。”黄晨自十一二岁起，便师从自己的舅公，学习蟳埔女服饰制作技艺。那时，做裁缝还是个收入体面的工作，但后来顾客少了，黄晨也得靠下海、割海蛎来维持生计。

2004 年是个转折点。当时蟳埔只有他这一家店，还在做传统服饰。“蟳埔女习俗”是泉州申报世界文化遗产的一块拼图，泉州市文旅局找上门来时，黄晨有他的疑问：“大家都不穿了，怎么保护？政府说‘有办法’，我们就开始申请。”

蟳埔村组建了奶奶腰鼓队，让村里六七十岁的老人，穿上蟳埔女“七分袖，八分裤”的传统服饰，头戴簪花，来宣传这些装扮，让更多人看到传统之美。再后来，地方的学校，从幼儿园到大学，都把“蟳埔女习俗”纳入了课程，黄晨也被请到学校讲授这些原本快要失传的文化。在政府推动下，2008 年 6

1 本地人开的簪花“体验馆”和外地人开的“写真馆”营造出蟳埔的两大簪花体验“流派”。本地人的店常常是自家住宅改造，相对朴素，但家里的长辈们常常有不错的手法。写真馆则有完整的商业模式，引入了推流，也有选片修片、售后等服务。
2 蟳埔女服饰代表性传承人、裁缝黄晨从 11 岁起学习蟳埔女服饰制作技艺，从事这一行已三十余年。但游客们不再满足于穿蟳埔女的传统服装，他只能向市场变化妥协，分了一大部分店面给非传统服饰。

月，蟳埔女习俗被列入第二批国家级非物质文化遗产名录。

“非遗传承”为村子带来了各地专家学者组成的采风团和调研团。这些官方接待，最初是在蟳埔村的妈祖宫。2014 年，妈祖宫翻建，村委找到了不远处的白兰阿姨家，请她们腾出一间屋子，给到访的客人歇脚、泡茶。采风团中有女性，想要体验传统，白兰阿姨自家就有蟳埔女服饰，又购买了一些仿生花和簪花的头饰发饰。随着此类到访越来越频繁，有游客了解蟳埔民俗后前来旅游，簪花面向散客开始收费。

当时游客并不多，其中有一些写生团到访蟳埔，想在村子里住几个晚上。大多村民原本住在自己的房子里，居住条件比较拥挤，还没有改建意识，看到游客有住宿需求，花米阿姨家先行做起了民宿，继而也为客人簪花。

不过，白兰阿姨家是自住的，屋内设施已经比较现代化。在承接参观团体的同时，为更好地推广渔村文化，2016 年，主要负责村内接待工作的庄群整修了自家的老房子，把它变成“渔家老院子”，在里面布置了渔家人的生产工具，展示海洋捕捞的文化。全国各地的研学团来到蟳埔，庄群说：“我们让大家体验下海，小孩会到海边挖海蛎，挑海蛎肉，学着煎海蛎煎。”

蟳埔簪花走红和传统变味几乎同时到来。蟳埔女的传统服饰本是方便劳作的设计：斜襟上衣，保护她们少受海风吹灌；裤筒宽大，让她们挑担行走自如。即使裤子被海水打湿，海边风大，走动一会儿就吹干了，不会影响劳动。

2023 年 1 月，明星赵丽颖和《上城士》杂志合作拍摄写真，让蟳埔簪花“出圈”之后，为簪花师黄丽泳和她位于妈祖宫旁的摄影基地带来了巨大的流量。同样把握住时机的是花米，当时店铺由花米的儿子经营，年轻人懂得如何在网络上吸引流量，他找网红来帮忙推流。一时间，这些店铺每天都有好几百号人在排队，密密麻麻的客人堵住了路，住在边上的蟳埔阿姨都被拉过来簪花。她们逐渐也经营起了自己的簪花店。

赵丽颖在写真中穿着自己的衣服，并非蟳埔女传统服饰，顺网络慕名而来的客人也有自己想穿的衣服。流量最大的店铺都备上了旗袍、马面裙等各样款式，供客人选择。簪花可以和不同类型的服饰混搭，并不违和，近二十年来推广的蟳埔女服饰很快就被挤到了店铺的边角上。

做蟳埔女服饰的黄晨有点无奈，他觉得开店得知道习俗是什么样的：这套衣服该什么场合穿，那套又适合什么场合，花是谁送的，送多少，怎么簪，背后都有讲究。“这些都不懂，你开什么簪花店。你不懂，游客更不懂，现在的游客，衣服也乱穿，花也乱簪。”

相比保护传统，对捕捉到风口的经营者来说，他们更看重实实在在的商机。80 后的蔡蔡本来是家庭主妇，时间比较自由。2023 年 3 月，她开始在家里做餐饮小吃，卖烤肠、海蛎煎给游客，成本很低，经营简便。“我们当时就觉得，既然有人来体验当地文化了，那本地小吃也要推广下。”

那个时候簪花店自己拉生意，店的选址很重要。2023 年 7 月，蔡蔡的弟弟和一位摄影师朋友联手，租了一家沿主街的店面，在村子里率先做起了旅拍。在此之前，摄影师直接在街边拉客，本地人称“打野”，还没有什么规范和管理。他们觉得，有了正规的店面，游客来簪花拍照，比较有保证，不怕踩雷。后来旅拍的模式很快也被学了去，摄影师和化妆师在店铺挂靠接单成了主流。

在自己的住家经营簪花成本最低，村里人大多这么想。蔡蔡家的第二家簪花店就开到了自己家里，“赚得多，又比较轻松，就全职搞这个了”。一进屋，门厅挂上了大幅人像写真，摆满了各色服饰。内间作为化妆间，用来簪花和妆造。蔡蔡的母亲从小会盘头簪花，游客冲着“手法”来，喜欢找老一辈蟳埔人给自己造型，母亲便成了店里的一张招牌。生意要是忙起来，弟弟妹妹和家里的亲戚都能过来帮忙。

如果沿着村子的主路去看，沿街店面主要有两种——簪花“体验馆”和“写真馆”。这背后有两拨不同的人。本地人开的“体验馆”，门头还是自家的大门，没有大刷白墙、建“网红”空间，乍一看更为朴素。2023 年国庆，云南的连锁品牌“西扶海棠”入驻之后，又有西安、厦门等地的商家闻风而来，林立的“写真馆”已成了外地人的地盘。他们一边向蟳埔阿嬷学习怎么盘传统发髻，一边带来了一套更完整的商业模式：可以选片，提供售后，更会做网络推广，懂得怎么宣传自己，吸引客流。

写真馆的入驻有好处，在它们的运作之下，整体的客流量大大增加。“别的地方的人很羡慕我们，觉得我们躺着也能赚钱。”蔡蔡说。如果不是自己家的房子位置好，自然进客多，不然就得烧钱、拼流量，要花费更多人力和财力。当地人竞争不过，干脆把家里的闲房租给写真馆，路边的房子，大一些的一个月一两万，小一点也要七八千。“以前这边哪有人会来租，一个月五百块差不多。家里有房子，一年多增加一二十万收入没问题。”

然而，人流如织的簪花店，只是蟳埔最显眼的一部分。菜市场门口，街巷角落里，坐着割海蛎的阿嬷们，头上简单利落地盘起圆髻，簪着几朵花。她们有的年纪大了，手脚不麻利了，也有的家里确实没有房屋可以用来做簪花生意。以海为生，捞海蛎、割海蛎，更像是她们的“本职工作”。

如今每天早上，还有一百多号渔女出海，她们多是 50 后、60 后，几十年来做着同样的事情。只要身体吃得消，就天天干。“出海不簪花，回来看心情，想簪就簪。”路边民居里的阿嬷说，“我们就是这样，很简单的。”

她们把“搭船”出海形容成“搭乘公交车”，一艘船上十来个女人，顺潮汐而动，通常是上午八九点潮落而出，下午一两点潮涨而归。回来时，肩上担着一百多斤的海蛎，那是她们一天的“工作量”。下午，她们拿张小板凳坐在家门口，戴上指套开始割海蛎，再花五六个小时开出 15 斤海蛎肉，会有人来收走卖去泉州城，一斤卖 25 块。

大海和渔业没有从蟳埔人的生活中完全消退。在距村口不远的海边，拍摄簪花写真的人群背后，还停泊着许多出海捕捞的大小船只。船是私人的，经过船舶登记，可以合法捕捞。

大船开出去深海捕捞，最远能驶到台湾海峡附近，来回一趟，在海上大约要一个星期。这是个辛苦又危险的活计，主要是村里的中年男性在干，一艘船要七八个人，本村人手不够，船主会雇一些外地的工人在船上帮手。以前，有 200 多艘大船，现在卖掉了不少，留在村民手里的，只剩下不到 50 艘。上了年纪的人，就坐小船出去，收海蛎，捕捞一些内港鱼。

海洋捕捞之外，产业也很多元，包括养殖、水产加工和买卖、经营海鲜酒楼等。“我们家做海鲜批发，算个体户。”开簪花店的蔡蔡表示，家里的“主业”其实还是渔业，父母这一辈就在做。靠海吃海，跟簪花相比，海鲜批发的业务量也不算小，妹妹和妹夫都参与其中。但这一行还是辛苦，“客人下订单，隔天凌晨我们送货上去”。

为保证海产的新鲜度，凌晨工作是常态。割海蛎的蟳埔阿嬷，她们的丈夫每

天凌晨三点，都会开着车，从海鲜市场批发些海鲜，运到晋江的市场摆摊贩卖，卖到下午三点，再收摊回家，日复一日。

如果说簪花是时间自由的蟳埔主妇开拓的“副业”，给她们带去实打实的收入，蟳埔人“以海为生”的日常并没有受到太大影响。蔡蔡的心态很好，“大家都是本着机会难得，能火多久就多久，熄火了就回归原来的生活，该干吗干吗去”。

而非遗传承人黄晨的店铺，也向市场和流量做了妥协。他们家把店面一分为二，外面的空间主要由他妻子和妹妹打理，年轻人喜欢的服装款式应有尽有。他自己的工作室，在内室一隅，桌上摊着一堆堆布料，他裁剪、缝纫、熨烫，还在做传统的蟳埔女衣裳，定做的顾客多是本地本村人。五十年来，他说传统也在不断改良和创新，亦有游客愿为传统而来，不过，在商业裹挟之下，文化的声音似乎略显暗淡。

游客与本地人的簪花风格很容易辨别。游客们喜欢用更饱满的花环，搭配自己喜欢的衣物。本地人将长发盘于脑后，系上红头绳，梳成圆髻，再插上一根“骨髻”，方便劳作。

簪花背后

text
/
侯珺

photo
/
刘树奎

讲到蟳埔女，你能在社交媒体上看到的内容相当同质化：头顶上有座“行走的花园”“今生戴花，来世漂亮”的标语，还有明星簪花在时尚杂志里呈现出的大片。簪花成为一种外面人来到泉州的重要“仪式”，不仅在蟳埔村——泉州老城里，簪花店几乎走几步就可见一家，头顶簪着花的漂亮姑娘一个一个与你擦肩而过。

这些都与蟳埔女有关，但都不是她们本身。蟳埔女和簪花技艺好像声势浩大又默默无闻地成为眼下所有盛况的“布景”，服务来客的美丽。

在人们熟悉的日常生活中，簪花是阿嬷们头顶上稀疏的几枝。蟳埔女的一生大多与海有关。只要下了海，海蛎一刮就要几十年。挑担做生意时，无论年龄，她们都被称为“蟳埔阿姨”。

在蟳埔女的日常和过往里，簪花通常并不会那么繁茂，而更多是意味着劳作。

在阿珍的记忆里，簪花是阿嬷头顶上稀疏的几枝。除非家中有喜事，或者节日里家族宗亲的大型聚会，再或者村里巡香的大日子，平常日子里，阿嬷头上只有为了方便劳动才盘起的发髻和几朵点缀在头顶的花。这些花多源于自家墙下的花圃，蟳埔阿嬷简朴，不会拿用于生计的钱装点自己。

在阿珍看来，她的母亲和阿嬷都是“苦过来的一辈”。阿珍的阿嬷如今已经八十多岁，不再有体力下滩涂敲海蛎，在簪花彻底红起来之前，她的母亲曾经接棒成为家中渔女的主力，循环往复着上一辈的劳作。

在簪花成为“支柱产业”之前，蟳埔曾是一个全村靠海吃饭的渔村。男人们负责出海打鱼，被称为“讨大海”，在蟳埔人口中他们总是极其勇武和辛苦的。女人们则负责近海和岸上的一切劳作，被称为“讨小海”，也意味着她们的劳作通常被认为是比较“轻量”的。

做渔女是件苦差事，阿珍从很小就有这样的认知。在她的印象里，在气象灾害非常多发的闽南地区，除去休渔期，家中的男性长辈一年出海打鱼的时间加起来只有四五个月。而渔女，仿佛只要下了海，海蛎一刮就要几十年。

说是“刮”，其实这个作业过程远比“刮”这个动词字面上看起来麻烦得多——海蛎是“种”在蚝石上的，首先要不停地敲打让它们松动，才能顺利把它们撬下来。这是一个费工夫又考验细心的过程，蟳埔阿姨通常要在海边烈日下，敲敲打打数个小时，在深深浅浅的泥潭里小心翼翼地保持着平衡，一不小心就会被尖利的蚝石割得血肉模糊。

在这个过程中，簪花被认为起到了巨大的作用，有效地帮渔女们 “管理”好长发，以防它们妨碍劳作。

同样是为了不妨碍劳作，蟳埔村的女性在旧时代被免于裹脚。她们用“粗脚”踏泥滩刮海蛎、抓鱼虾，上岸搬运、处理讨海的收获。因此，在闽南话里，这些能干的蟳埔渔女也被称为“粗脚氏”。

阿珍的阿嬷讲，要是裹了脚就走不动那么远的路了。在近海讨了海再挑着担子走几十里路去城里，把这些鱼和蚝卖掉，渔女们才能获得这些劳作的最终回报。

在阿珍的阿嬷年轻的时候，村里到市里没有通公共交通，白天讨海的收获要拿到城里去卖，要靠脚力攻克。为了能在鱼和蚝最新鲜的状态下把它们卖

蟳埔曾是一个全村靠海吃饭的渔村。如今簪花火了起来，但很多人家仍然也延续着渔业。

簪花背后，是绕不过去的性别关系，是“本分”与“大局”的文化冲突，是“传统”与“独立”的经济角力

出去，蟳埔渔女通常白天劳作，凌晨从家中出发，挑着担子，走一夜的路到城里。

挑担做生意时，无论年龄，她们都被称为“蟳埔阿姨”。在阿珍的阿嬷心里，“蟳埔阿姨”是个蛮得意的称呼，其中包含着信誉和她与外界发生关系的痕迹——在泉州当地，“蟳埔阿姨”的“阿姨蚵”意味着货色上乘。人们会寻着她们头顶簪的花，光顾她们的摊位。

阿珍出生于 20 世纪 90 年代，在她眼中的蟳埔渔女，无论是下海劳作了大半辈子的阿嬷那一代，还是近几年告别大海“上岸”簪花的母亲这一代，都可以说是经济独立的女性——旅游旺季的时候，母亲簪花店一天的收入能有上千块，比阿珍在大城市工作的收入都要高。

但阿珍并没有想过要成为母亲簪花店的“合伙人”——大城市生活虽然压力大了不少，但自由。她很为母亲骄傲，但还是会“抱怨”母亲这样活得太辛苦。

在阿珍对闽南家庭构成的认识里，男主外女主内是一件约定俗成又稀松平常的事，而蟳埔女则在主内的同时，也需要主外——和其他闽南女性一样，在家庭分工中，蟳埔女性“天然地”需要承担家务、侍奉公婆、养育孩子。另一方面，她们在家庭收入构成中的存在感是无法忽视的——从渔村时代开始，到如今渔业渐渐凋敝、旅游业兴旺的光景，像阿珍母亲这样的蟳埔女性甚至成了家庭经济收入的主力。

在闽南人熟悉的语境里，男性和女性的分工仿佛生来就是被确定好的。祖祖辈辈都是家中男性作为家庭中绝对的“大家长”，被拥护和崇拜，而女性的职责所在是“贤惠”。即便在阿珍这样的年轻一代看来，很多事情似乎并不合理，但依然找不到一个打破现状的突破口——因为家庭的羁绊是打不破的，而传统是顽固的，在有意识和无意识之中持续地传承着。

蟳埔女更为人熟知的样貌是戴着竹编斗笠的样子，斗笠可以遮挡阳光和雨水，横插的筷子刚好可以支撑和固定，免得竹笠被风吹落。

阿乐生长于同样以渔业为支柱产业的惠安渔港。比起蟳埔，她觉得惠安少了那么点运气——同样是福建三大渔女之一的惠安女，也曾经因为独特的渔女劳动装束受到关注，经历了旅游兴盛的红利时期，很快，村子里就恢复了平静。她记得那时，游客迅速涌入，体验完惠安渔女的装扮，又匆匆离开。那段高光时刻落幕后的现在，恢复了平静的惠安渔村，渔女们继续在浅滩和岸上忙碌，像一切都没发生过。

在大多数渔港，男性出海打鱼是以天计算的，很多时候，男人们结束一天的劳作便可归家，而惠安渔港的渔民们征伐的是远海。在 80 后阿乐的记忆里，村里的男性经常连续几十天漂在海上。这确实能获得更可观的收入，但男人们长期不归家，让惠安女不得不背上了更繁重的家庭事务。

在阿乐长辈叨念的故事中，男人远洋的“后遗症”里是家中女性恪守着的“本分”。在极其重视男性家长主导这一家庭结构的闽南，婚丧嫁娶都需要男性“主持大局”。旧时通信不发达，在男人出海期间，如果家中老人突然去

世，要等男人回家才能为老人下葬。而在等男人返家期间，留在家里的女性要负责操持丧事的所有流程，招待来家中吊唁的亲朋，无论这个漫长的葬礼要持续多久。待男性家长归来，成为主角，她们就会彻底退到幕后，深藏自己的付出。

闽南人重视传统的传承，宗族的延续是闽南人一生都要去坚守和履行的"责任"。男性被视为家族延续的"火种"，天生拥有被家族记录的资格以及天然的家庭话语权。而"嫁进来"的闽南女性则从为家里添丁进口，到操持家里大大小小的家务，再到筹备婆家的婚丧嫁娶、祭祀供奉，在幕后默默恪守着传统给她们布置下的"职责"。但在这些传承中，闽南女性通常不是主角，并不出现在厅堂之上，也不被记载在家族的历史中。

阿乐高中毕业后去了外省求学，现在工作和生活在市区，有一个可爱的女儿，不与公婆同住。在阿乐这代人心中，已经有不少人认为女儿和儿子同样珍贵。但依然有一种说不清是什么的"力量"，让她们希望在女儿之外也能有个儿子。阿乐开玩笑称这种"力量"是"家族使命"，要生了儿子她和她的丈夫才能获得"自由之身"。

阿乐说，像她这样不与公婆同住，对绝大多数闽南女性来说已经是一件离经叛道的事情。除非有比较极端的客观因素妨碍，阿乐身边的已婚女性朋友几乎都是与公婆同住的。而她不与公婆同住主要得益于她的丈夫不是家中唯一的儿子，亦不是长子。

阿乐觉得相比母亲那一代人，她们这代年轻女性已经在家中有了一些发言权，但在长辈面前还是要"把戏做足"，避免不必要的家庭矛盾。她不确定这些"传统"还会传承几代，但她希望女儿长大以后可以多去看看外面世界，甚至留在外面的世界——"那也蛮好"。

泉州人的茶香和情谊
散落在山林和街巷
进来、坐下
喝杯茶吧

Ⓟ 潘凌

text
/
林洵

photo
/
潘凌

在泉州，不泡茶就没法聊起来

除了在室内喝茶，泉州人还有一种特别的饮茶方式——上清源山喝晚茶。不仅夏天，泉州人一年四季都会上清源山，自己带茶包，用茶铺的茶具喝茶。

在泉州，没有人能不喝上一杯茶就离开。

“坐下来喝杯茶吧。”如果一个外地人到泉州拜访亲友，这可能是他一天里听到最多的话。只要有个能坐下来对话的空间，就一定会有茶盘摆在桌上，从坐下来的一瞬间起，泉州人的手就开始在茶盘上忙碌。茶泡上，气氛也热起来了。

制茶师林梅桂说，喝茶是分享，很多人喝同一泡茶，一同品尝好茶的滋味，不是藏着掖着，也不是喝饮料一般各自一杯。请茶一杯表情谊，“即使是到别人家里吵架，进了门主人都得先请你喝一杯茶”。茶水下肚，再多的气也消了三分，这会儿就能坐下来，和气商量。

在泉州，喝茶不太讲究环境，办公室可以喝，家里跷着二郎腿也可以泡一壶，泉州人把自己每天都要喝的茶称为“口粮茶”，价格不贵，每天几泡。但若有客人到访，口粮茶立刻倒掉，换上新茶。换前还会询问客人的口味、身体状态或看天气情况，以此选择合适的茶；若途中有新人加入，也要立刻换上新茶，表示尊敬。请客的茶质量、包装都更胜一筹，泉州人的后备箱里也大多常年放着几罐茶，可以随时赠予亲朋好友。

泉州人也把茶和情谊散布在大街小巷里。在泉州街上闲逛，可以留心找找在两旁店铺出没“奉茶”二字的地方。可能是一面插在门框的黄色小旗子，可能是一块手写大白板，也可能是一个银色的大保温桶。奉茶是给过路人免费提供的茶水。有一种说法认为，泉州本地“特产”清源茶饼就是古代清源洞僧人制作后，带给周边百姓们，帮助他们解渴消暑的。奉茶文化也从那时起在泉州流传开来。

夏日炎热，不少店铺用清源茶饼加盐煮大桶茶放在路边，供路人饮用。本地的茶店也会用自家茶叶的茶末碎包泡奉茶，每年茶庄在制作茶叶后，至少会有一二十斤的茶末边角料，部分泉州的茶叶店会收集制成茶末包，以低价或免费的形式提供给奉茶的店铺。

喝茶就像吃饭，早已融入大多数泉州人的生活里。在办公室谈事情要泡上一壶，在家吃饱饭要喝茶消食。在泉州街上闲逛，你也能发现老板们坐在门口喝茶，店里没有客人，只是他们自己谈笑风生。旅行者在泉州多待几天，就会养成新的习惯，出门不再自带水杯，毕竟不管去到哪里都有茶喝。

text
/
林洵

photo
/
潘凌
刘树奎
田米

Illustrator
/
于瑒

©田米

泉州人的夏天，常常少不了清源茶饼的陪伴。

泉州，低调的福建茶叶产地

提起福建茶，大部分人第一个想到的是武夷山，其实泉州也是福建的产茶盛地。

泉州茶树种植和生产的历史悠久，最早的文字记载可以追溯到晋代，位于南安的莲花峰上，有座石碑刻着“莲花荼襟”四字，“荼”是“茶”的古体字，题于晋代太元丙子年。现在大众普遍认为，这是福建省内关于茶最早的文字记载，也据此推断从晋代开始，泉州南安周围已经开始有规模地种植茶树。

南安最出名的茶叶为石亭绿茶，属绿茶类。泉州更为流行的则是乌龙茶，泉州也是福建乌龙茶的主要产区，永春佛手和安溪铁观音是两大代表。安溪还是众多优良茶树品种的发源地，如铁观音、黄旦、本山、大叶乌龙等国家级茶树种。此外，安溪也是台湾名品茶叶冻顶乌龙、文山包种、木栅铁观音的起源地。从明朝开始，就有安溪人带着家乡的茶叶和技术到台湾开荒种茶；也有许多安溪人到武夷山参与当地的种茶、制茶工作。

在泉州茶的发展中，清源山不能不提。山上明代撰写的碑文见证清源山民的种茶历史，一块块“武夷清源茶饼”则是几代泉州人们的共同回忆，清源茶饼用茶叶搭配中草药制成，既能当茶饮，也可作药用，至今仍是泉州乃至福建闽南地区人们喜爱的茶饮之一。在夏日，泉州路边的奉茶摊上，不少茶桶里装的就是清源茶饼加盐泡的茶，消暑解渴。

清源山也是泉州人夏日纳凉的好去处，夜幕降临就拉上亲朋好友上山喝茶；树荫下、茶香间，泉州茶就在这一杯又一杯的茶中继续发展下去。

工夫茶的冲泡流程

工夫茶起源于宋代，在广东和福建多地盛行至今。工夫茶的制作、冲泡和品尝流程繁多精细，有一定礼仪，同时也包含着许多专业技巧和知识。

在《现代汉语词典》里，工夫茶也作“功夫茶”。不过在闽南语中，“工夫”和“功夫”的发音并不相同，受闽南文化浸润的人们不会混淆，他们仍执拗地坚持延续千年的“工夫茶”叫法和制茶、饮茶流程，在一闻一抿中慢慢享受茶的滋味。

工夫茶基础装备

❶ 一个盖瓯
❷ 一个过滤器
❸ 一个公道杯
❹ 若干茶杯
❺ 一个杯夹
❻ 一个杯托

Step 1

第一步：赏茶温杯

用滚烫的水即能达到消毒的目的，也可使茶壶和杯碗的温度升高，以免后续冲茶时水温被杯碗带走，影响茶汤风味。

Step 2

第二步：纳茶候汤

虽然茶叶量因人而异，但茶叶遇水会膨胀，一般放置量不超过盖瓯七八成。大多数茶叶用沸水冲泡，注水时以八九分满为宜，茶汤过多容易溢出，且容易烫到手。为了更好地泡出茶叶的滋味，可用杯盖轻轻刮去表面的浮沫，使茶叶充分伸展、出汤；随着茶叶冲泡次数增加，为了泡出茶叶剩余的味道，等候时长也会增加。

Step 3

第三步：洒茶点茶

第一泡茶汤不喝，茶汤会用来烫洗茶杯。倒茶时要注意，每个茶杯中的茶汤高度和色泽应该保持均匀，应来回倒汤入杯，不能倒满一杯再倒下一杯。也可先将茶汤全部倒入公道杯后，再倒入杯中。茶汤不宜过满，以免客人拿杯时烫伤，七八分满为宜。

Step 4

第四步：奉茶品饮

无论长幼，主人都需亲自奉茶到客人面前；客人啜饮时可发出声音，表品茶之意；一杯茶不必饮尽，可将底部茶汤倒入茶盘，表示客人不贪杯，也是对冲茶者的谢意。

茶桌仔
Tea House

刘树奎

地址： 泉州市中山中路 368—370 号

营业时间： 10：00—22：00

推荐人： 陈美南（国家　级茶艺技师、国家一级评茶技师）

推荐语： 茶桌仔是泉州新式茶馆里装修比较好的，有一些泉州古早的元素，在其他同类茶馆的设计里不太能看到，如果有外地的客人朋友来，会带进去参观。

周玉苑茶叶

老店地址：泉州市中山南路 586 号（2025 年年底装修完成后重开）

营业时间：8：30—22：30

推荐人：魏怀阳（泉州广播电视台闽南语主持人）

推荐语：玉苑茶林创立于民国时期，是当时泉州的三大茶庄之一，也是至今唯一还在经营的茶庄，历史非常悠久。一直以来，泉州本地包括周围安溪等地的茶，这里都会制作和售卖，从风味到包装，都保留了原来的样子；这里的茶承载着许多外出经商的游子们的思乡之情，现在从外地来的游客，也可以在这里喝到泉州茶的原汁原味。

潘凌

潘凌

三朝名茶

地址：泉州市泉州西街三朝巷

营业时间：8：00—20：00

推荐人：魏怀阳（泉州广播电视台闽南语主持人）

推荐语：三朝名茶是第一家把安溪县的铁观音茶带入泉州市区的茶铺，深谙“配茶之道”，每个季度，都能把泉州安溪近六十种不同的茶按表现分类，配置成不同等级的茶，从老百姓日常饮用到高级收藏用茶都有。近三四十年来，一直都是泉州人心中铁观音的代表茶铺之一，售卖的茶也比较接近于泉州人日常的饮茶习惯和标准。

潘凌

古厝茶馆

地址：泉州市鲤中街道后城 122 号

营业时间：9：00—24：00

推荐人：吴彬彬（芥子书屋主理人）

推荐语：这是一家比较体现泉州本土风格的茶馆，名字中的“古厝”，就是指闽南古厝这种建筑特色。以前都是本地人去喝，也会有木偶戏等泉州传统艺术表演，大家可以在泉州的古代建筑里，一边欣赏泉州非遗，一边喝泉州茶。

1
2 3

了不起的德化白瓷

萨克森国王腓特烈·奥古斯特二世（Friedrich August II）曾这样表达对中国瓷器的热爱："我没有任何疾病，如果说有，那只有一种病，就是太爱瓷器。"1717 年，他曾送出 600 名骑兵，换回 127 件中国瓷器。

从宋元开始，中国瓷器就成为全球贸易中最重要的商品之一，其中青花瓷一直是为人所熟知的代表；实际上，德化白瓷在中国的瓷器全球贸易中同样影响深远。

早在 13 世纪，马可·波罗就已将德化白瓷带到欧洲，因其瓷质细腻坚致、釉质乳白莹润，被冠以"中国白"（Blanc de Chine）的名称。到了 18 世纪，那位狂热的瓷器爱好者奥古斯特二世，以他收藏的 1250 件德化白瓷为蓝本，在欧洲第一次烧制成功了硬质瓷，并建立了之后名满世界的迈森

© 刘树奎

text / 汤一涛

photo / 刘树奎

（Meissen）瓷器厂。

迈森瓷器成功之后，欧洲开始掀起模仿德化白瓷的浪潮。1740 年前后，英国、法国、丹麦的瓷器工厂都吸收了德化窑的工艺技术烧制白瓷产品，其中最常见的两个器型是宗教塑像和日用品，这也是德化白瓷之所以在历史上能长期畅销、并被竞相模仿的原因——它满足了更广大的市民阶层的日常需求。与器型受严格规定的官窑不同，德化窑作为私人窑场，在艺术追求上享有更大的自由。如果说景德镇代表的是官方审美，德化的白瓷则浸润人们的日常生活。

德化北接尤溪，东邻仙游，南靠永春，位于“闽中屋脊”戴云山下，现存古窑址 238 处。这里河谷深邃、溪涧密布，天然沉积了质地纯净的优质瓷土，制陶业可追溯至新石器时代。盛唐时期，德化开始建窑烧瓷，依山而建、自下而上的构造能充分利用火焰的余温；明清是德化窑的黄金时期，随着瓷器配方的发展，明代德化窑工研制出了胎质极为细密、光滑的白瓷，可以呈现出一种近似于玉的质感。

德化四周皆山，交通极其闭塞，德化瓷器的外销都要经由挑夫肩扛手提，步行运送。这些运送瓷器的路线就被人称为“瓷帮古道”。在明清以前，瓷帮古道主要通往泉州，经永春许港、南安码头至刺桐港，在泉州鲤城“市舶司”交货，从此走上“海上丝绸之路”；到明清时期，因为泉州港的衰弱，德化瓷器的主要外销路线也转移至北面的福州港。

德化白瓷在欧洲所畅销的两种器型，都与泉州当地的生活风俗息息相关。宗教塑像来源于泉州当地繁盛的民间信仰。这类瓷像通常体小量轻、便于携带，特别适合在家庭中摆放祭祀。款式有如来、弥勒、罗汉、寿星、八仙、土地等神仙佛像，但最多的还是观音；流传至西方时，因为女性形象和护佑孩童的特点，德化观音瓷还常被解读为圣母玛利亚。

日用瓷则更是来源于日常生活。碗、盘、碟、壶、罐、酒杯和文房用具等，生活起居皆有德化白瓷的身影。其中，最具代表性的就是德化的茶具。

福建有浓厚的茶文化，是乌龙茶的发源地，当地流行着“早茶一盅，一天威风；午茶一盅，劳动轻松；晚茶一盅，全身疏通；一天三盅，雷打不动”的说法。从明代开始，中国古人所崇尚的黑釉茶具被白瓷或青花瓷取代。在今天，因为价格低廉、冲泡简便，纯白的器型又不会抢夺茶叶本身的风味，德化茶具依旧为一部分饮茶人推崇，活跃在闽南人的茶桌上，而如今，白色瓷器茶具也成了欧洲日常生活中的习惯。

通过温润如玉的德化白瓷，中国与西欧的日常生活形成了某种奇妙的同频共振。

1 2023 年中国国家博物馆举办的“中国白——德化白瓷展”，参观者正在观看白瓷作品《慈莲自在》。
2 资源居收藏的德化白瓷茶具，既是艺术品，也是深入泉州人和欧洲人日常生活的工具。
3《中国白：历史与鉴赏回顾》是劳特利奇出版社（Routledge）2002 年出版的一部介绍德化白瓷的书籍。封面图片是来自新加坡 Hickly Collection 的收藏。

© 潘凌

泉州的历史是"活"的

在街边，在巷子里，在人们的对话中

你总能捕捉到文化的行踪

Ⓟ 潘凌

这戏唱不完

text

/

邢梦妮

唐昕怡

photo

/

黄灿昆

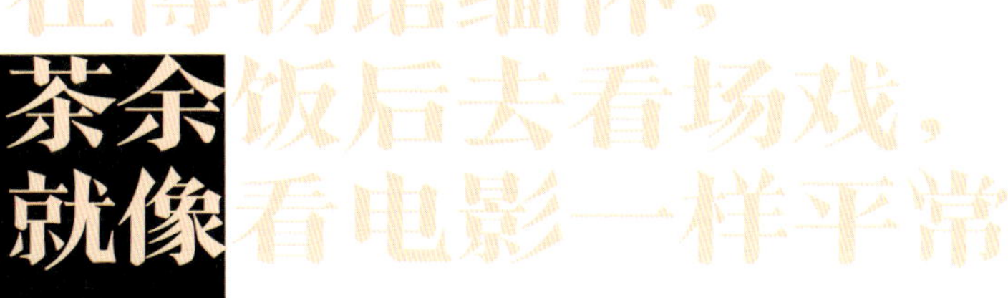

泉州的历史不必在博物馆缅怀，茶余饭后去看场戏，就像看电影一样平常。

木偶戏

戏曲 壹

一方舞台中央，屏风前舞动的几个木偶“演员”，密密麻麻的丝线……来泉州怎能错过木偶戏的演出？木偶戏，古称“悬丝傀儡”，又称为嘉礼戏，源于秦汉，晋唐时期随中原士族南迁入闽，福建民间俗称“布袋戏”。

木偶由偶头、笼腹、四肢、提线和勾牌组成，高约两尺（约 0.67 米），演出人员一般在上空提线操纵控制器上的细线，以控制木偶形体表演。泉州木偶提线多、操控难，最复杂的木偶有 36 条提线，表演的精妙之处全凭演员操线功夫，有时候你甚至会觉得，随着剧情推进，演员的表情、动作也和木偶神似起来。

日常看提线木偶戏，要去泉州市泉山路 355 号的泉州木偶剧院，剧院采用了木雕、彩绘、石刻等闽南传统建筑技术，与泉州歌舞剧院和锦绣庄艺术园连成一片。泉州非物质文化遗产馆也是了解木偶戏的好去处。《小沙弥下山》《钟馗醉酒》《驯猴》等传统剧目都各有滋味。

南音

戏曲 贰

南音，也称“弦管”，人类非物质文化遗产代表作之一，发源于福建泉州，用闽南语演唱，有“中国音乐的活化石”之称。2009 年，南音被列入联合国教科文组织《人类非物质文化遗产代表作名录》。演奏南音的乐器主要为琵琶、洞箫、三弦、二弦、拍板、嗳仔和品箫（曲笛）。

泉州南音不单是演唱，它包括谱、指、曲三种类型，是中国古代音乐体系比较完整的一大乐种。谱是器乐演奏曲，其中以《四时景》《梅花操》《走马》等较为著名；指即指套，是有词、有谱、有琵琶弹奏指法的套曲，可歌可奏，一般时长几十分钟；曲即散曲，有千首以上。表演时，常常以“指”开始，中间演唱散曲，以“谱”结束。

南音爱好者视“孟府郎君”（五代十国后蜀后主孟昶）为乐神。直到现在，每年春秋两季，大家仍然会祭拜郎君。

对老泉州人来说，南音是少年时的记忆，而年轻人也试图将南音融入现代生活。泉州音乐制作人蔡凯东（艺名 R2）创立了流行音乐团体“点水南乐”，试图维护和改良南音的词曲唱法。

梨园戏以弦管音乐为基调，用泉腔古音演唱，古朴典雅，委婉动听。基本表演程式为“十八步科母”*，如“举手到眉毛，分手到肚脐，拱手到下颏”等。至今保存宋元南戏诸多戏文、音乐唱腔和演出规制。梨园戏经典剧目《陈三五娘》脱胎于闽南民间故事，讲述泉州人陈三和潮州人五娘曲折的爱情故事，最早的戏剧版本可追溯到 1566 年的明朝年间，当时名为《荔镜记》。

梨园戏流传百年，人人都能说上两部经典剧目。梨园戏在早期杂剧、百戏的基础上，发展成熟于宋元时期。该戏有大梨园和小梨园之分，小梨园也称“七子班”，大梨园又分“上路”“下南”两支，上路流派大多搬演“忠孝节义”题材，风格古朴苍劲；下南流派则大多搬演民间故事，风格粗犷，散发着浓烈的草根气息。三种流派都有各自的“十八棚头”（保留剧目）和常用唱腔曲调。

泉州的 80 后青年导演曾龙发明了梨园戏剧种的“新样貌”。他尝试让梨园戏传统折子戏《吕蒙正·过桥入窑》3 天 3 场不重样：第一场是原汁原味的传统版；第二场演员不带妆表演；第三场现场撤掉所有座位，乐队在门口，演员走戏，观众跟着演员一起走——戏院大门敞开着，门外是人山人海的上海新天地酒吧街，门里是有八百年历史的梨园戏。

*十八步科母：梨园戏的表演动作，称之为“科”。“科母”是表演动作中单帧的形体基本造型、要领与规范。“十八步科母”便是梨园戏最为基本的表演程式体系的统称。

泉州有太多非物质文化遗产了。它拥有世界级非遗 6 项、国家级非遗 36 项、省级非遗 128 项、市级非遗 262 项、县级非遗 726 项，也是全国唯一拥有联合国教科文组织三大类非遗项目的城市。

我们选取了几个有代表性的非遗项目，以及一些你可能会在老城的街头巷尾中感知到的非遗技艺展现出来——它们共同构成了人们认知中的泉州。

非遗 壹 元宵节

许多人对泉州的认知始于春节，这份热闹每年都会一直延续到元宵节。泉州的闹元宵习俗兴于唐宋，唐朝士族南下，将中原元宵节闹花灯习俗带到泉州。在泉州方言中，“灯”与“丁”谐音，有“添丁进财、人丁兴旺”之意，因为寓意吉祥，所以元宵闹花灯习俗也流传于泉州各县，流布至漳州、厦门、台湾等地，至今仍是泉州民间一年当中最重要的民俗节日活动。元宵节前夕，家家户户就会在厅堂或门口挂花灯，到了元宵夜，男女老少成群结队上街赏灯。府文庙、新门街等多地都会开设灯会，人们可以参与闹花灯、踩街、民间传统歌舞、戏剧展演、攻炮城、猜灯谜等民俗游艺活动。

惠安石雕

非遗 贰

在石材石雕佛像界，常能听到这样一句话：南有惠安，北有曲阳。惠安石雕以硬质的青石、花岗石为主要原料，有影雕、圆雕、浮雕、线雕等八大类上千个品种。这项技艺可以追溯到 1600 年前。中国现存最早的跨海梁式石桥洛阳桥就是宋代惠安工匠的作品。明代以前，惠安石雕以石人、石兽为主，这个品类属于可以多角度欣赏的立体雕塑——圆雕，这类雕塑类型也确实多取材自人物、动物、植物等题材。明清以后，惠安石雕逐步走向成熟，艺术风格转为精雕细琢。惠安石匠们不仅参与建造了泉州古城，也曾为北京人民大会堂、南京中山陵、南昌八一起义纪念碑等著名地标提供技术。惠崇公路两边巨型石雕神像林立，都是当地工厂摆出来展示的作品，中国台湾作家廖信忠因此打趣说惠安是“神明待就业中心”。

Ⓟ黄灿昆

永春篾香

非遗

如果你去过泉州庙宇祭拜神仙，一定会路过卖供品的小店，里面的线香大多来自泉州永春县。阿拉伯人蒲氏家族从宋代开始定居泉州，从事香料进口生意。明末清初，这个家族的后裔迁居永春县达埔镇汉口村，引进香配方、制作工艺和制香技术——以细小的竹篾为骨，将香料研成粉末后涂于篾骨，制出永春篾香。永春香以永春本地的几百种中药材为主料，迄今仍遵古法制作，香气独特且持久，有安神、养生、祛病等功效，并产生了一套规定香味、色泽、外观和可燃性的完整产品指标。如今，永春出产的香产品占中国市场销售份额约八成，在东南亚地区，每 3 根篾香就有 1 根由永春生产。线香燃烧时缭绕的袅袅烟气，构成了泉州“拜拜”文化的一部分。

黄灿昆

送王船

非遗 肆

“送王船”广泛流传于中国闽南地区和马来西亚马六甲沿海地区，是闽南人为表达对海洋的敬畏和感恩而举行的一种祭祀活动。送王船的主角“王爷”是代表天帝巡察人间善恶的大神。

送王船活动每隔三到四年举办一次，没有固定日期，各地组织者和做法都不同。泉州老城的“送王船”仪式通常由富美宫主办。人们投掷圣杯，选定农历某一天迎王、送王以及造船的吉日后，宫庙就辟出场地用以建造王船，谢绝闲杂人等出入。王船是一只全手工制作的大型仿古木船，会盛满海上生活的日常用品和食物供品。2023 年 12 月 11 日，富美宫举行了送王船仪式，上百人巡境游香，将王船送到晋江边点燃，这个举动象征着祛除瘟疫、灾祸、邪祟，祈求一帆风顺、国泰民安。

© 黄灿昆

泉州
再看一眼

潘凌

陪伴泉州的，

不仅仅是那些纷扰喧嚣，

也有游人聚集之外的

宁静日常。

［花］

泉州人敬奉神明，
神龛案头清供不断。
这个卖花的小摊，
泉州人的阿嬷记得，
今天的年轻人也记得。

Ⓟ 黄灿昆

【金纸】

它是泉州人生活中常见的物品，
在漫长的演变中，
它从宗教信仰转变为民间风俗，
在庆祝节日、婚丧嫁娶中出现，
寄托着人们对神明的敬仰与对祖先的怀念。

© 黄灿昆

© 黄灿昆

【拜拜】

对泉州老一辈人来说，

带足供品去拜拜是件大事。

由于临近金门，

对岸的特产有时也会纳入供品清单。

【茶】

它是泉州人展开一段社交的开端，
也见证着一个个人间故事。

© 潘凌

子是用来住的 租挺好
CCB

【榕树下】

有树有桌椅，有街边小店，
泉州的公共空间里
会自己生长出茶桌和行人。

© 黄灿昆

八月照相馆

福

◎潘凌

【河川】

泉州有大小河流430条，
在更多人的日常生活中，
水域不再是历史视角的宏大叙事，
而是闲暇时附近的一处休闲港湾。

【钟楼】

它是人们在泉州闹市的定位坐标，
也是见证泉州当代变迁的记录者。
它照看着这座古老城市，
度过每一个黑夜与白天。

© 黄灿昆